데퍼리 송의
골반발성 영어

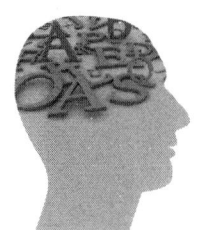

데퍼리 송의 **골반발성 영어**

초판 1쇄 인쇄 2014년 01월 06일
초판 1쇄 발행 2014년 01월 10일

지은이   송 희 만
펴낸이   손 형 국
펴낸곳   (주)북랩
출판등록 2004. 12. 1(제2012-000051호)
주소   서울시 금천구 가산디지털 1로 168,
         우림라이온스밸리 B동 B113, 114호
홈페이지 www.book.co.kr
전화번호 (02)2026-5777
팩스   (02)2026-5747

ISBN   979-11-5585-126-5 13740(종이책)
        979-11-5585-127-2 15740(전자책)

이 책의 판권은 지은이와 (주)북랩에 있습니다.
내용의 일부와 전부를 무단 전재하거나 복제를 금합니다.

이 도서의 국립중앙도서관 출판시도서목록(CIP)은 서지정보유통지원시스템 홈페이지(http://seoji.nl.go.kr)와
국가자료공동목록시스템(http://www.nl.go.kr/kolisnet)에서 이용하실 수 있습니다.
(CIP제어번호 : 2014000261)

데퍼리 송의
골반발성 영어
PELVIS VOCALISM ENGLISH

송희만 지음

book Lab

CONTENTS

머리말 •06
일러두기 •08

제1장 영어 원어민의 발성 및 음성 소리의 분석과 이해 •11

1. 한국말 발성과 영어 원어민의 발성의 차이점은 어떤가요? •12
2. 자신이 말하는 발성의 역으로 원어민 소리가 들립니다 •16
3. 목소리가 좋다, 나쁘다, 어떻다 또는 꾀꼬리 같다고 합니다 •20
4. 영어 원어민의 말을 알아듣지 못하면 "말이 잘 안 들린다"고 표현합니다 •22
5. 왜 아무리 영어공부를 열심히 해왔어도 영어 원어민의 말을 알아들을 수 없는가요? •24
6. 발음이 중요한가요? •29
7. 단어를 많이 암기할수록 영어말이 잘 들리나요? •32
8. 영어 원어민의 말을 듣고 말하기 위해 반드시 먼저 문법이 필요한가요? •38
9. 한국말과 영어말의 어순은 어떻게 다른가요? •43
10. 문장으로 들으면 안 됩니다 •48
11. 어떻게 연습해야 하나요? •50
12. 최종적으로 영어 원어민처럼 듣고 말하기 상태는 어떤지요? •60

제2장 골반발성 (PELVIS VOCALISM) •65

1. 골반발성의 발생 •66
2. 골반발성의 소개 •73
3. 영어말 골반발성과 한국말 성대발성의 차이점 •83
4. 성대발성과 골반발성의 Interchange •86
5. 골반발성 기술적 지도의 필요성 •88

제3장 골반발성 연습 •93

1. 골반발성 연습 시작하기 •94
2. 골반발성으로 소리내기 •98
3. 골반발성으로 듣기 •105
4. 골반발성 연습의 진전 •107
5. 자신도 모르게 성대발성으로 전환되는 경우 •111
6. 골반발성의 혼동과정과 이를 극복하는 제2 모국어화 •113

제4장 영어말 듣기 및 말하기 실전 연습 도움 가이드 •117

1. 대화중 나올 말을 미리 대기하세요 •118
2. 지나간 단어들에 얽매이지 마세요 •121
3. 문장 내 각각의 단어들에 대해 스냅적 분리로 말하거나 들어야 합니다 •123
4. 문장의 모든 각각 단어마다 가능한 하나의 단(축)음절로 말하거나 들어야 합니다 •126
5. 긴 문장도 끊어 말해야 합니다 •128
6. 문장으로 듣지 마세요. 듣는 순서대로 인지해야 합니다. - 직청직해 •130
7. 들을 때 번역하지 마세요 •133
8. 들을 때 영어로만 집중하고 영어로 받아들이세요 •135
9. 대화의 스피드와 호흡적 리듬을 타야 합니다 •137
10. 원어민이 사용하는 연음, 단축음, 흘림음 및 어휘력의 활용들은 실생활의 감각으로 느끼고 배워야 합니다 •139
11. 영어패턴의 습관화가 되어야 합니다 •141

제5장 골반발성 연습과정의 진행별 효과 •145

1. 약 1년의 꾸준한 연습 후의 발전 •146
2. 각자 스스로 약 2년의 꾸준한 연습 후의 발성 습관화로 발전 •148
3. 최종적 제2의 모국어화, 자신의 노력에 달려 있습니다 •151

이 책에서 소개하는 골반발성은 필자가 미국 내 다양한 지역의 영어 원어민과 약 30년간 함께 근무하면서 그들의 웅얼거리며 뭉그러진 영어말 음성들을 선명하게 구별하여 듣고 말하기 위해 연구하고 개발한 영어 발성 방법입니다. 우리 대부분의 한국인은 학교나 학원에서 영어 공부를 지속적으로 해 왔기에 기본적인 문법과 단어를 많이 알고 있지만 실제 영어 원어민과의 실생활 대화에서는 그들의 빠르고 뭉그러진 음성들을 정확히 구별하여 들을 수 없는 것이 현실입니다.

필자가 연구한 바로 그 원인은 서로의 발성방법이 다르기 때문에 우리가 그들의 음성을 정확히 구별하여 들을 수 없는 것에 있습니다. 정확한 표현은 아니지만 서로의 발성 주파수가 일치하지 않는다고 표현할 수 있습니다. 그러므로 만일 우리가 서로의 발성에 대한 차이를 모른다면 그들의 발성으로 만들어지는 뭉그러진 음성들을 우리가 경험해보지 못했기에 우리는 그들의 말을 선명하게 구별하여 듣기가 어려울 것입니다. 하지만 만일 우리가 그들 원어민과 비슷한 발성의 소리를 내어 사용할 수만 있다면 역으로 그들의 음성이 우리에게 익숙하게 됨으로써 그들의 말이 정확히 구별되어 들릴 것이며 또한 점차적으로 쉽게 이해할 수 있게 되는 것입니다. 그밖에 필요한 어휘력, 문법, 영어 어순 및 각종 표현 방법 등은 각자 스스로의 노력으로 발전시킬 수 있습니다. 그러므로 우리 한국인에게 우선적으로 필요한 것은 영어 원어민의 음성을 정확히 구별하여 들을 수 있는 능력이며 이를 위한 방법으로는 오로지 우리도 그들과 비슷한 발성소리를 낼 수 있어야 합니다. 단순히 듣기만의 꾸준한 노력으로는 절대 해결될 수 없습니다.

필자는 언어학자도 아니며 또한 필자가 개발한 골반발성을 영어 원어민이 사용하고 있다고 말하는 것도 아닙니다. 골반발성은 단지 우리가 그들의 음성과 비슷하게 소리 냄으로써 그들의 음성소리들에 익숙하게 되어 역으로 그들의 말소리를 선명하게 들을 수 있게 하기 위해 필자가 연구하고 개발한 영어말 발성방법입니다. 그러기에 본 교재에서 소개되는 내용이 학문적으로 분석되거나 평가될 필요는 없습니다. 마지막으로 필자는 본인이 연구하고 개발한 골반발성을 여러분과 함께 공유함으로써 앞으로 우리 한국인도 영어권 원어민과의 대화에서 두려움 없이 자신감 있는 언어적 소통이 되리라 기대하며 또한 많은 국내의 유능한 젊은이들이 국제무대 또는 많은 다국적 회사에서 활동하는 데 도움이 되기를 기대합니다.

2014년 1월

일러두기

　이 책은 영어 문법, 독해력 또는 어휘력을 가르치는 교재가 아닙니다. 단지 영어 원어민의 웅얼거리며 뭉그러진 음성을 우리 한국인이 선명하게 구별하여 듣고 말하기를 위한 기술 및 요령을 소개하는 도서로서 필자가 연구하고 개발한 골반발성을 소개하는 책입니다. 그러므로 이 책은 이미 오랜 기간 영어 공부를 하여 기본적인 영어 문법과 어휘력이 확보되었음에도 불구하고, 실제 영어 원어민과의 대화에서 그들의 말을 잘 알아들을 수 없는 독자들을 위해 만들어졌습니다. 이런 분들은 이미 영어의 기본 능력이 갖추어진 상태이기에 앞으로 필자의 골반발성을 통하여 원어민의 말을 보다 쉽게 알아들을 수 있게 될 것입니다. 또한 지금까지 학습적으로 뇌에 암기된 영어 문법과 어휘들이 점차 음성적 언어의 익숙함과 습관화로 전환될 것이며 각자의 노력에 따라 자신의 영어말 능력을 원하는 상태로 발전시킬 수 있을 것입니다.

　하지만 이 책의 골반발성 방법만을 습득한다고 해서 영어의 모든 것이 이루어지는 것은 아닙니다. 우리 모국어인 한국말에서도 그러하듯이 대화 내용 중 모르는 용어(단어, 숙어), 문법 및 표현 방법들은 각자 스스로의 노력으로 습득해야 합니다. 그렇지만 골반발성을 이용하여 원어민의 음성에서 각 단어를 선명하게 구별하여 들을 수만 있다면 비록 대화 내용에서 모르는 몇 개의 단어 및 용어들이 있다하더라도 감각적으로 무슨 말을 어떻게 하였는지 추측함으로써 전체 내용을 알 수 있게 될 것입니다. 하지만 여러분이 원어민의 음성을 구별하여 들을 수 없다면 그들의 대화 내용에서 무슨 말을 어떻게 했는지조차 모를 것이며 또한 이렇게 들리지 않은 말들은 계속 반복하여 들어도 여전히 구별할 수 없는 것이 현실입니다.

참고로 이 책에서 소개하는 골반발성에 관련된 모든 내용은 필자 개인의 연구 및 실행 결과에 의해 만들어졌기에 독자 개개인에게 감각적으로 달리 적용되거나 혹은 적용되지 않을 수도 있습니다. 즉, 각 개인마다 발성의 감각이 다를 수 있기에 어떤 사람은 필자의 골반발성 도움 없이도 자신의 성대발성을 그대로 사용하며 원어민의 웅얼거리며 뭉그러진 말소리들을 잘 알아듣는 사람도 있을 것입니다. 하지만 필자의 경험으로 비추어 이 책의 골반발성은 대부분의 한국인에게 효과적으로 적용되리라 확신하는 바입니다.

제1장

영어 원어민의 발성 및 음성의 분석과 이해

 한국인 발성과 영어 원어민의
발성의 차이점은 어떤가요?

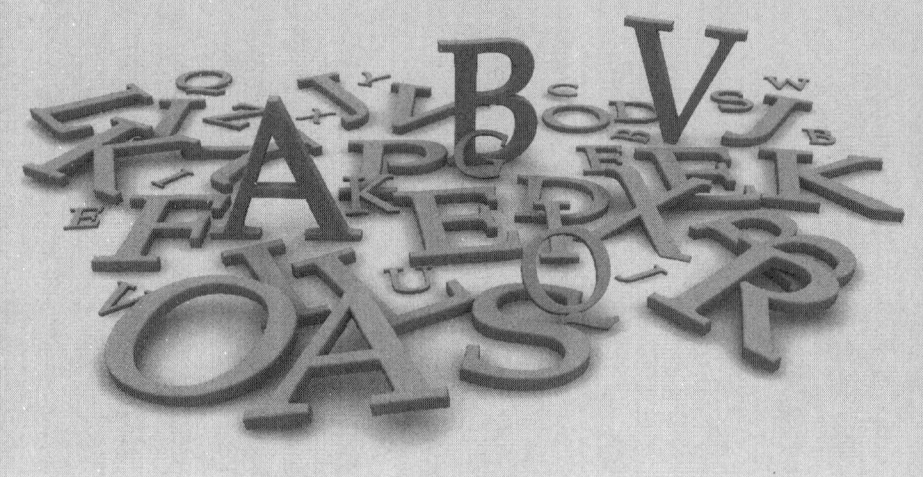

 대부분 한국인에게 왜 영어 원어민의 음성(말소리)이 단지 웅얼웅얼 또는 뭉그러진 쏼라쏼라 소리로만 들려 문장의 단어가 구별되지 않을까요? 이것은 그들의 발성방법과 우리 한국인의 발성방법이 달라서, 우리는 그런 음성들을 소리 내거나 들어본 적이 없기에, 그들의 말소리가 우리에게 선명하게 구별되지 않고 단지 웅얼웅얼 또는 쏼라쏼라 뭉그러진 소리로만 들리는 것입니다. 가령 각종 동물들의 울음소리를 표현할 때 영어 원어민과 우리는 같은 소리를 들으면서도 다른 음성으로 상이하게 표현합니다. 이것은 서로에게 들리는 같은 동물의 소리도 한국 사람과 영어권 사람이 서

로 다르게 발성하고 있기에 서로 다른 음성으로 받아들여 표현하는 것입니다.

만일 영어권 원어민에게 '초등학교'라는 단어를 한국말로 불러주고 그대로 따라 말해보라고 한다면 그들은 이상한 음성으로 '초등학교'를 말할 수밖에 없습니다. 명확한 한국발음으로 다시 '초등학교' 소리를 가르쳐 주어도 그들의 발성은 우리와 다르기에 우리말 발음이 선명하게 나오지 않습니다. 그러므로 그들이 영어말 대화 중간에 '초등학교'라는 한국말 단어를 갑자기 사용한다면 우리는 이 말을 인지하지 못하고 다르게 들을 수밖에 없습니다. 결국 서로의 발성 방법에 의한 음성의 차이로 인해 그들의 말 전체가 우리에게 단지 웅얼웅얼 또는 쏼라쏼라로 뭉그러지게 들리는 것입니다. 참고로 국내에서 우리가 영어 원어민과 대화를 하면 약간 쉽게 알아들을 수 있을 것입니다. 이것은 상대방이 우리들의 영어 언어 능력에 맞추어 천천히 상대해 주기 때문일 것입니다. 하지만 원어민 자신들끼리 소곤거리거나 쑥덕거리는 이야기들은 우리가 잘 알아들을 수 없으며 실제 그러한 그들의 일상 대화가 영어말 발성의 음성 소리이며 말하기 속도일 것입니다.

지금은 다르지만 예전의 대다수 한국인은 영어를 처음 배우는 과정에서 눈과 입으로 문자를 보고 읽으며 내용을 인지하였을 뿐 실제 원어민 발성의 소리로 대화하며 인지하는 연습을 할 수 없었습니다. 그러기에 우리는 그들 원어민의 대화 소리를 듣고 말하는 능력이 발전될 수 없었습니다. 또한 우리 한국인은 모든 소리가 선명하게 발음되는 한국말 발성 소리에 대해 자부심을 갖고 있습니다. 그러므로 우리는 한국말이 모든 소리를 다 표현해낼 수 있다고 생각하며 한국말 발성만을 고수한 채 영어 원어민의 뭉그러진 음성을 발음적 변화로만 흉내 내어 왔습니다.

영어말 음성은 한국말 음성과 근본적으로 다르게 발성됩니다. 영어 원어민 발성의 소리들을 인지하기 위해서는 반드시 그들의 음성과 비슷한 발성으로 말하는 습관이 되어있어야 합니다. 만일 우리가 지금까지 학습해온 방식대로 한국말 발성을 사용하면서 단순히 발음의 교정 연습만으로 영어 원어민의 음성을 흉내 내며 연습한다면 아무리 열심히 해도 결코 그들의 뭉그러진 실생활 대화소리들을 선명하게 구별하여 들을 수 없을 것입니다.

하지만 이제 여러분은 필자가 발견하고 개발한 골반발성을 활용하여 영어 원어민과 비슷한 발성으로 꾸준히 연습한다면 처음에는 힘들겠지만 점차 그들 말속에서 단어가 구별되어 들리게 될 것입니다. 그 다음부터는 여러분 각자 자신의 수준에 맞는 영어 드라마를 보거나 뉴스 청취 또는 직접 원어민과의 대화 등 각종 연습 방법들에 따라 여러분의 영어 말하기 및 듣기 능력을 발전시킬 수 있습니다. 말을 배우는 데 특별히 학문적인 학습과 지식이 필요한 것은 아닙니다. 단지 새로운 발성의 습관을 들이고 이에 익숙해지도록 꾸준한 연습이 필요합니다.

오른손잡이를 왼손잡이로 변화시킨다고 생각해보십시오. 계속 오른손을 주로 사용하면서 동시에 왼손잡이로 변화된다는 것은 쉽지 않을 것입니다. 우리에게 영어말 발성이 어려운 것은 우리가 이미 한국말 발성에 고착되어 있기 때문입니다. 우리는 항시 한국말을 사용하기 때문에 우리에게 고착된 한국말 성대 발성을 배제하고 영어말을 위한 골반발성으로 전환시키기가 쉽지 않을 것입니다. 하지만 이 과정은 학습적 공부가 아닌 기술적, 기능적 및 습관적인 변화의 노력으로 누구에게나 이루어질 수 있습니다. 그러기에 우리가 영어말 발성의 차이점들을 정확히 이해한 후 그 발성들을 습관으로 발전시킨다면 자연스럽게 그들의 말들이 선명하게 구별되어 들리게 될 것입니다.

영어 언어의 습득에 있어서 원어민의 소리를 정확히 구별하여 들을 수 있어야 함은 역으로 말하기를 위한 가장 기본적인 일입니다. 하지만 대부분의 한국인은 오랜 기간의 영어 학습에도 불구하고 영어 원어민의 소리를 구별하여 들을 수 없기에 그들과의 실생활 대화에 대한 어려움을 느끼고 있습니다. 하지만 이제는 골반발성의 활용을 통하여 이 문제점들이 해결되리라 확신합니다. 이제 앞으로 각자 자신들에 대한 영어 말하기, 듣기 실력의 향상은 골반발성의 연습과 함께 스스로의 노력에 달려있을 것입니다.

참고로 한국말 발성과 영어말 발성에 대한 음성의 차이는 홈페이지(www.golban.net)를 통해 확인할 수 있습니다.

 자신이 말하는 발성의 역으로
원어민 소리가 들립니다

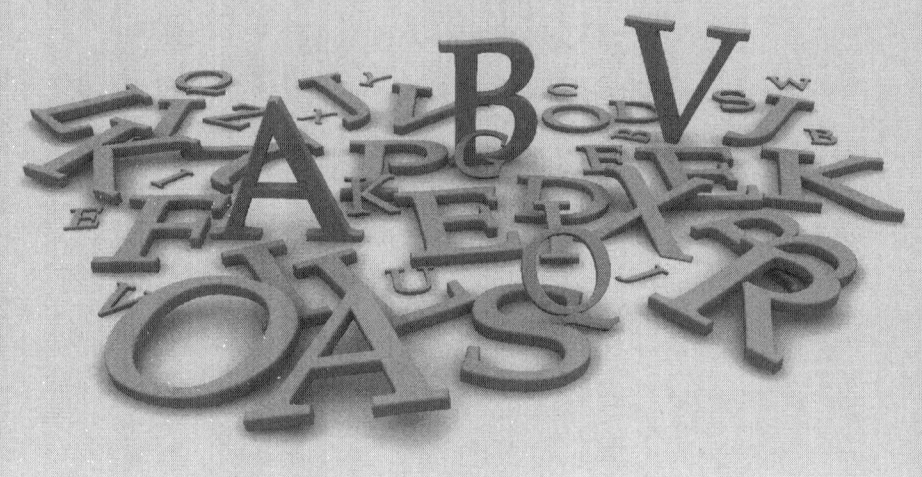

 한국인끼리 영어로 말하면 상대방의 영어말 소리가 원어민의 말보다 선명하게 들립니다. 이것은 말하는 사람의 발성 방법이 듣는 사람의 발성 방법과 같거나 비슷하기 때문입니다. 하지만 영어 원어민의 발성은 한국인의 발성과 다르며 우리는 그들의 발성으로 소리 내는 음성들을 사용해보지 못했기에 그들의 말소리를 명확히 알아들을 수 없는 것입니다. 결국 자신이 소리 내는 발성 방법으로 상대방의 말소리가 받아들여집니다.

따라서 원어민의 말을 정확하게 구별하여 듣기 위해 먼저 연습해야 할 것은 단순한 듣기가 아니라 원어민이 소리 내는 것과 비슷한

발성으로 따라서 말하는 것입니다. 그들의 발성 소리를 내기 위해서는 반드시 그들의 음성으로 따라서 말해야 합니다. 자신의 발성이 원어민의 음성과 비슷한지 확인하려면, 처음에 잘 안 들리는 원어민의 말소리 음성의 대사를 발성 그대로 따라서 자신이 반복적으로 소리 내어 말해본 후 다시 그 원어민 소리의 대사를 들어보는 것입니다. 그 소리가 선명하게 구별되어 들린다면 자신도 비슷한 발성으로 그 소리를 냈다는 뜻입니다. 이것은 단순히 한번 들었던 대화 소리 및 의미를 기억해 내는 일시적 현상과는 다른 것입니다. 유아가 모국어를 익히기 위해서는 먼저 부모의 말을 따라 말하는 것부터 시작하며 부모는 자녀의 발성과 발음을 교정시키고 결국 이것이 원어민의 발성으로 형성됩니다.

우리는 지금까지 잘 안 들리는 영어 원어민의 소리에 대해 단순히 듣기 반복을 통하여 청취 능력을 향상시키려고 노력해왔습니다. 그렇기에 대부분의 한국인은 계속하여 원어민의 웅얼거리고 뭉그러진 소리를 정확히 구별하여 들을 수 없는 것입니다. 단순히 청각만으로 듣기 능력을 향상하려는 방법은 잘못되었던 것입니다. 처음에 들리지 않았던 영어 원어민의 말은 계속 또는 나중에 다시 들어도 들리지 않습니다. 미리 지문을 보고 난 후 또는 한번 따라 말해 본 후 바로 다시 들으면 어느 정도 귀에 익숙해지고 또한 머릿속에 기억되어 처음보다 쉽게 들릴 수 있겠지만, 오랜 시간이 지난 후에 다시 들으면 다시 원래처럼 알아들을 수 없을 것입니다. 그 이유는 우리가 영어 원어민과 다른 발성 소리를 내고 있으며 또한 원어민의 발성 소리를 잘 구별할 수 없기 때문입니다.

　우리는 먼저 상대방의 말소리를 듣고 대화의 의미를 이해해야만 답변할 수 있습니다. 상대방 음성이 정확히 구별되어 들리지 않으면 그에 따라 정확히 말할 수도 없습니다. 이처럼 영어 원어민 음성이 잘 구별되어 들리지 않는 문제는 귀의 듣기 문제보다 말하는 발성의 교정으로 해결해야 할 문제입니다.

　어떻게 하면 영어 원어민의 말소리가 명확하게 구별되게 들릴까요? 다시 말하지만 사람은 자신이 말하는 발성의 역으로 들리게 되어있습니다. 즉 자신이 내는 소리는 정확하게 구별하여 들을 수 있지만 자신이 내지 못하는 소리는 정확히 구별되어 인지되지 않습니다. 그러므로 영어말이 선명하게 구별되어 들리기 위해서는 영어 원어민의 발성과 비슷하게 우리가 그들의 소리를 낼 수 있었어야 합니다. 정확한 표현은 아니지만 한국말 발성과 영어말 발성은 음성 주파수가 일치하지 않아 서로 알아들을 수 없다고 생각하십시오. 그러므로 서로의 음성주파수를 맞출 수 있다면 웅얼거리고 뭉그러진 소리들이 선명하게 구별되어 들릴 수 있습니다. 일반적으로 흑인과 백인의 소리는 우리에게 다른 톤의 소리로 들리지만 서로의 발성은 같기에 아무리 흑인이 소리를 웅얼거려도 백인의 어린아이나 노인들도 서로 알아들을 수 있는 것입니다.

결론적으로 여러분이 골반발성을 배우고 그 발성에 익숙해져야 하는 가장 큰 이유는 영어 원어민의 말소리를 골반발성의 역 감각으로 들어야 하기 때문입니다. 필자는 이렇게 듣기 위한 감각적 적용을 '골반발성의 느낌으로 품어 들어라'라고 표현합니다. 만일 여러분이 영어 원어민의 말소리를 단지 귀로 듣기에만 집중한다면 이것은 한국말 발성인 성대발성의 감각적 적용이기에 그들 원어민의 웅얼거리며 뭉그러진 소리를 구별하여 듣기가 어려울 것입니다. 하지만 자신이 골반발성으로 원어민과 비슷한 음성의 소리를 내는 데 익숙하고 또한 역의 감각으로 들을 때, 즉 골반발성의 느낌으로 품어 듣는다면 그들의 말들이 구별되어 들릴 것입니다.

 목소리가 좋다, 나쁘다, 어떻다
또는 꾀꼬리 같다고 합니다

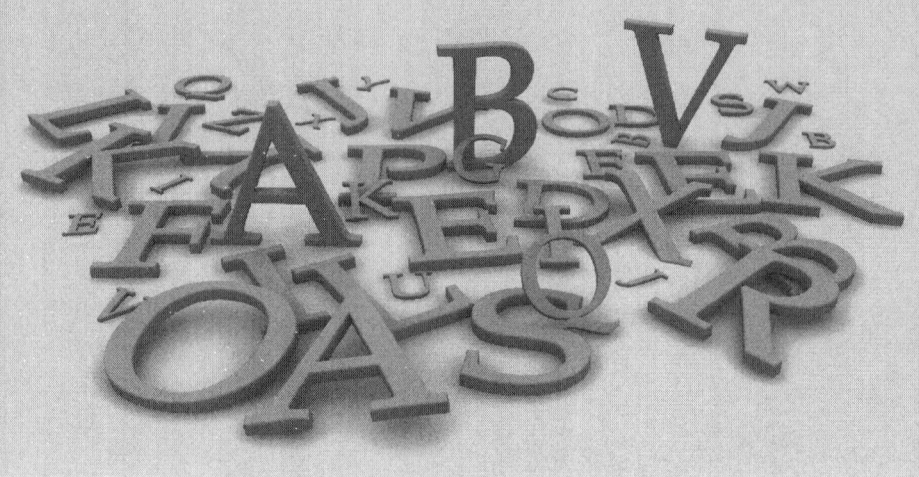

 영어 원어민의 음성을 정확히 구별하며 평가하기 위해서는 목소리가 중요한 것이 아니라 발성이 중요합니다. 사람이 내는 음성은 각각의 음색이 다르며 이에 대해 우리는 일반적으로 '목소리가 좋다' '나쁘다' '어떻다' 또는 '꾀꼬리 같다'라고 말하거나 또는 소리 내는 방식을 '목을 놓아 소리치다' '목이 터지도록 노래 부르다' 또는 '목소리를 깔고 말하다' 등으로 표현합니다. 이렇게 우리는 음성을 목소리로 구별하거나 평가하고 또는 목으로 소리 낸다는 표현의 관념 속에서 자신도 모르게 신체의 발성기관인 목과 성대를 직접 이용하는 성대발성을 사용하게 되었는지 모르겠습니다.

하지만 중요한 사실은 대부분 한국인은 발성기관인 성대와 구강을 직접 사용하는 성대발성을 사용하며 그로 인해 우리 대부분은 영어 원어민의 웅얼거리고 뭉그러진 음성을 정확히 구별하여 들을 수 없다는 점입니다. 그렇다고 성대발성을 사용하면서 원어민 음성과 비슷하게 흉내 내기 위해 단지 혀를 굴리거나 또는 발음만을 변화시키는 것은 영어 원어민의 음성을 정확히 듣고 각 단어를 구별하는 데 근본적인 도움이 되지 않습니다. 즉 소리의 흉내가 아닌 발성의 근본적 변화가 있어야 합니다. 각 개인의 골반발성을 이용하여 나오는 음성 소리가 사람마다 특색이 있거나 또는 조금 다르게 들릴지라도 만일 발성 방법만 비슷하다면 영어 원어민의 음성을 구별하여 듣기에는 문제가 없습니다.

사람들은 각각 고유의 목소리(음성 및 음색)를 갖고 있기에 골반발성을 터득해도 그에 따른 자신만의 영어 음성 목소리를 갖게 될 것이며 또한 영어 원어민도 사람마다 음성 및 음색이 각각 다릅니다. 하지만 우리가 골반발성을 사용하여 소리 내며 그 과정의 호흡 변화 및 하부골반으로부터 성대를 통해 울려 나오는 음성의 2중적 전달 감각 및 울림에 대한 차이를 느낄 수만 있다면, 결과적으로 이것이 영어 원어민의 음성과 비슷하게 만들 뿐만 아니라 역으로 그들의 소리가 우리에게 정확하게 구별되어 들리게 될 것입니다.

04 영어 원어민의 말을 알아듣지 못하면 "말이 잘 안 들린다고" 표현합니다

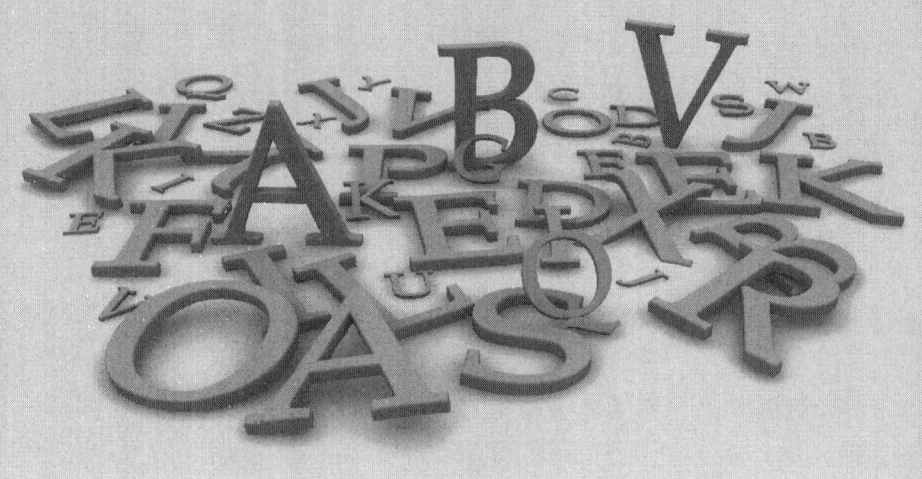

우리는 미국 영화를 보거나 원어민과 대화를 할 때 그들의 말을 알아듣지 못하면 "말이 잘 안 들린다"고 표현합니다. 또한 상대방 원어민에게 "당신 말이 무슨 말인지 모르겠다(I don't understand)"라고 말하면 실제로 우리는 그들이 무슨 말을 했는지조차 모르는데, 그들은 우리가 대화 중 단어의 의미 또는 문법을 모르겠거니 생각하고 우리에게 그것에 대해 자세히 설명해줍니다. 하지만 사실 우리는 문법이나 단어의 의미를 몰라 이해를 못하는 것이 아니라, 말속의 단어가 선명하게 구별되어 들리지 않기 때문에 무슨 말을 했는지조차 모르는 것입니다. 그들의 대화 속에서 사용되는 대부분의 단어는 우리의 중, 고등학교 과정에 나오는 일반 단어입니다. 그러므로 그들의 말속에서 각각의 단어가 구별되어 정확히 들리기만 한다면 우리는 그들의 말을 대충이라도 알아들을 수 있으며 또한 우리가 아는 단어를 사용하여 대화를 이어갈 수 있습니다. 하지만 그들의 말속에서 단어가 구별되어 들리지 않는다면 상대방의 말이 무슨 말인지조차 모르기에 대화를 진행할 수 없습니다.

다시 말해서 상대방이 말하는 소리를 선명하게 구별하여 들을 수만 있다면 어떻게라도 자신의 생각과 말을 상대방에게 전달할 수 있습니다. 하지만 상대방의 말을 전혀 알아듣지 못한다면 역으로 무슨 말을 어떻게 해야 할지도 모를 것입니다. 기본적으로 말이란 상대방과 주고받으면서 저절로 어순이 습관적으로 익혀지며 시간이 지남에 따라 표현 방법이 자신의 어휘력과 문법의 도움을 받아 향상됩니다. 결국 원어민의 말속에서 단어가 선명하게 구별되어 들려야 하는 것이 가장 기본입니다. 원어민의 소리가 구별되어 들리기만 한다면 여러분의 영어 말하기 및 듣기 실력은 각자 노력하는 만큼 저절로 향상될 것입니다. 필자가 연구한 바로 영어 원어민의 소리가 안 들리는 문제는 듣기 능력 및 발음의 문제가 아니라 바로 우리 한국인 발성의 문제인 것입니다.

05. 왜 아무리 영어 공부를 열심히 해왔어도 영어 원어민의 말을 알아들을 수 없는가요?

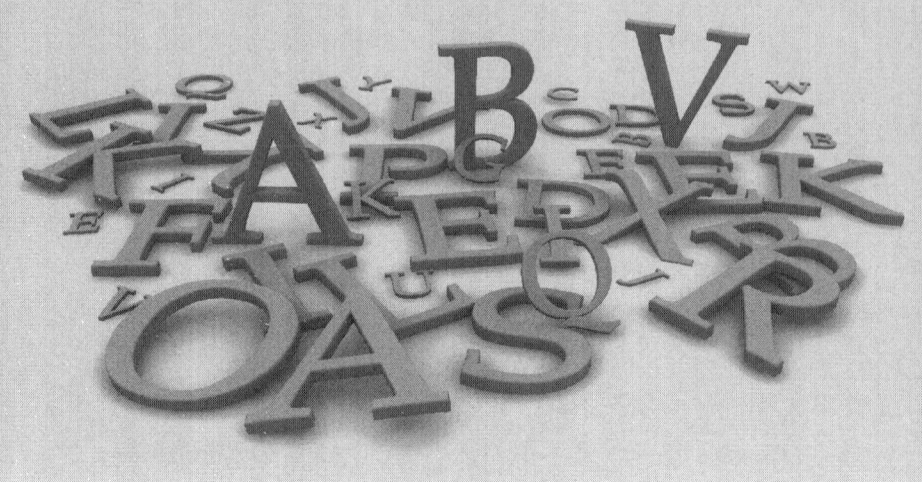

우리가 학교나 학원에서 영어공부를 오랫동안 학습해 오는 과정에서 영어말 듣기와 말하기 능력에 대해 어느 정도의 발전은 있었을지 몰라도, 여전히 한국인은 영어 원어민의 실생활 속에서 나오는 뭉그러지고 웅얼거리는 소리를 정확히 구별하여 들을 수 없습니다. 하지만 그 말을 글로 써 놓으면 대부분 어떤 내용인지 알 수 있습니다. 그러므로 지금까지 십여 년 동안 꾸준히 영어공부를 해 왔음에도 그들의 말소리를 선명하게 듣기에 발전이 없었다는 것은 지금까지 우리의 영어공부 방식에 문제가 있었다고 할 수도 있습니다.

우리는 지금까지 영어말 구사 능력을 학습적 능력의 문제로 받아들임으로써 영어말 하는 것을 매우 복잡하고 어려운 것, 머리 좋고 공부 잘하는 사람들 또는 특별한 언어 능력의 소유자들이나 잘 할 수 있는 것으로 잘못 인식해왔습니다. 하지만 영어공부를 더 많이 하였거나 또는 보다 좋은 학교를 나온 사람들이 원어민과 영어말을 더 유창하게 잘 할까요? 그렇지 않습니다. 사실 언어에서 말보다 글을 아는 것이 더 어렵습니다. 하지만 교육을 많이 받은 한국인은 영어 글을 잘 알지라도 반면에 말은 잘 할 수 없으니 이것은 영어의 말하고 듣기에 대한 우리의 학습방법과 인식이 잘못 되어왔기 때문일 것입니다.

  영어에서 어휘, 작문, 독해, 문장의 표현 및 전문적 용어의 활용은 학습 능력에 의해 발전되지만, 언어의 말하기와 듣기 능력은 단지 습관과 익숙함의 기능적 문제로서 학습 능력이 반드시 필요한 것은 아닙니다. 단어 스펠링과 문법을 잘 몰라도 단순히 듣고 말하기 능력은 어릴 적부터 많은 반복적 경험과 실천 속에서 익숙해지고 습관화됨으로써 저절로 습득될 수 있습니다. 말의 시작은 갓난아기 때부터의 습관과 인지로 자연스럽게 형성되기 시작하며 반드시 공부로 발전되는 것은 아닙니다. 물론 대화나 글쓰기를 고급스럽게 학문적 또는 전문적으로 표현하기 위해서는 문법적 표현력과 어휘력의 학습이 필요할 것입니다. 하지만 기본적 의사소통을 위한 일상생활의 말을 배우기 위해서는 어려운 단어와 문법의 심화학습은 중요하지 않습니다.

사실 우리가 외국 언어를 배우는 목적은 기본적으로 의사소통일 것입니다. 하지만 우리는 지금까지 영어말하기와 듣기를 학문적 전체로 포함하여 공부해 왔기에 말하기와 듣기의 기능적 문제에 대해도 학습적으로 어렵게 생각해왔습니다. 실제로 영어 학문은 학습적, 인지적 능력이기에 만일 노력하지 않으면 습득할 수도 없고 또한 알고 있는 지식도 시간이 지나면 점차 잊히게 되지만, 단지 말하고 듣기의 능력은 기능적 능력으로서 노력과 습관에 의해 한번 익숙해지면 쉽게 잊을 수 없게 됩니다. 국어라는 학문이 한국인에게도 어렵듯이 영어라는 학문도 영어권 사람들에게조차 쉽지는 않겠지만, 모국어 언어를 듣고 말하기는 단지 그 단어의 소리만 정확히 구분하여 들을 수 있다면 반복적인 연습을 통하여 누구나 저절로 배워집니다. 물론 개개인이 원하는 표현 능력의 정도는 다를 것이며 그것은 각자의 노력 정도에 따라 스스로 해결하여야 할 문제일 것입니다.

공부 잘한다고 영어 원어민 말을 잘 알아들을 수 있을까요?

우리는 영어말을 원어민처럼 유창하게 잘 하는 사람들을 주변에서 종종 봅니다. 사실 이런 사람들은 지적 능력이 특출해서 말을 잘하는 것이 아닙니다. 영어 원어민 발성과 비슷하게 발성함으로써 원어민의 말이 편하고 선명하게 들리며, 이를 바탕으로 영어회화를 게을리하지 않았기 때문입니다. 이 과정에서 점차 영어말 어순뿐만 아니라 습관적인 영어 문장의 패턴 및 어휘력 활용에 익숙해졌겠지요. 또한 그런 사람들이라고 해서 특별히 어려운 고급 단어와 숙어들의 어휘력 및 표현력을 많이 알고 있다는 의미도 아니며 더욱이 그들의 대화에서 그런 어려운 표현들을 사용할 수 있다는 의미도 아닙니다. 사실 영어말을 유창하게 잘하는 사람들보다 영어 어휘력, 표현력 및 영문법들을 월등히 많이 알고 있는 학구파가 무수히 많지만 아쉽게도 이들 중 많은 사람들은 웅얼거리는 원어민 음성을 잘 알아듣지 못하며 또한 영어 어순의 패턴들이 자연스럽게 습관적으로 배어있지 않아 영어말이 자연스럽게 나오지 못하는 상태일 것입니다.

사람들이 모국어로 대화를 할 때 대화 내용 중 약 80%는 아주 어려서부터 오랫동안 습관적으로 구축된 어순적 형식과 어휘들로서 저절로 자연스럽게 만들어지며 단지 특별한 내용이나 표현만 순간적으로 고려되어 그에 맞게 말로 표현합니다. 가령 우리가 어떤 한국말을 하더라도 하고자 하는 말들의 모든 요소들이 머릿속에서 복잡한 문법적 구성없이 자연스럽게 저절로 만들어져 나오는 것과 같은 것입니다. 하지만 우리 대부분 한국인처럼 성년이 된 후 외국인으로서 영어를 처음 배워 영어말을 하기 위해서는, 우리에게 유아기의 자연스런 습관화 과정을 통한 모국어화 과정이 없었기에, 어떤 말을 할 때마다 머릿속에서 단어, 어순, 문법 등의 모든 요소들을 고려함으로써 영어말을 더 어렵게 만들 수밖에 없습니다. 그러므로 우리가 모국어 언어의 습득과정을 생각한다면, 여러분이 영어말을 원어민처럼 잘한다는 것이 결국 단기간 내에 이루어질 수 없는 꿈이라는 것을 새삼 깨닫게 됩니다. 또한 결국 각자의 꾸준한 연습과 실제 활용에 대한 노력으로서만이 영어말의 보편적 어순 및 형식들을 모국어처럼 습관화시켜 점점 자연스럽게 이루어지게 할 수 있을 것입니다.

발음이 중요한가요?

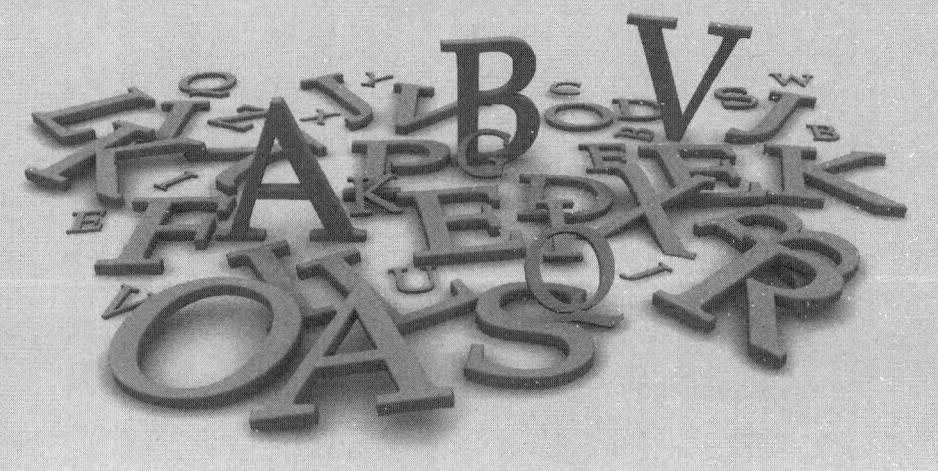

영어말 뿐만 아니라 한국말도 지방마다 또는 개인마다 발음이 조금씩 달라도 실생활 대화에서 서로 알아들을 수 있습니다. 영어를 사용하는 미국, 영국, 호주 및 필리핀 등도 지리적 영향 또는 개인적으로 발음을 조금씩 달리하기에 영어 말소리 및 악센트가 서로 약간씩 다릅니다. 하지만 이들 모두 함께 영어말로 대화한다 하더라도 전혀 문제없이 의사소통이 가능합니다. 이것은 다시 말해 서로의 발성이 같다면 발음과 악센트가 조금 달라도 상대의 소리들을 듣고 인지하는 데 문제가 없다는 것입니다. 하지만 발성이 서로 다르면 상대방은 그런 음성의 소리들을 말하거나 들어보지 못했기에 상대방의 말소리가 단지 웅얼거리는 소리로 들릴 뿐 단어가 구별되어 인지될 수 없습니다. 우리는 이런 사실을 모르고 영어 원어민의 뭉그러진 소리를 단지 발음만의 교정으로 그 소리를 흉내 내려 해왔기에 지금까지 아무리 열심히 노력해도 여전히 영어 원어민의 말소리를 선명하게 들을 수 없었던 것입니다. 또한 지금도 많은 유명 영어강사들이 발음을 매우 중요하게 가르치고 있지만 그 효과에 대해서는 이미 여러분이 예상할 수 있을 것입니다.

많은 한국인은 영어말의 모음과 연음들을 발음하기 어렵다고 합니다. 하지만 이것은 한국말 발성인 성대발성으로 영어말 모음과 연음들을 흉내 내어 발음하기 때문에 그런 소리들을 쉽게 낼 수 없는 것이고 또한 근본적인 발성의 교정 없이 발음만의 교정으로 영어 음성을 흉내 내려고 하니 결국 교정될 수도 없는 것입니다. 그러기에 만일 우리의 발성만 원어민 발성과 비슷하게 변화시킨다면 영어의 모음 발음 및 각종 연음도 저절로 그들과 비슷하게 소리를 낼 수 있으며 또한 우리가 이런 소리들을 자유롭게 사용하고 들을 수 있을 때 역으로 원어민의 소리가 선명하게 구별되어 들리게 될 것입니다.

사실 본인이 개발한 골반발성을 연습하면서 영어말의 모음과 연음의 소리보다 더 어려운 것은 영어소리로 내야 하는 한국어의 자음, 탁음과 파열음입니다. 특히 한국말 자음, 탁음과 파열음은 혀와 입술을 이용하여 바로 발음을 만들기 때문에 골반발성으로 소리 내기가 어려우며 영어 원어민도 이런 한국말 소리를 낼 때는 어눌하게 발음할 수밖에 없습니다. 이처럼 이러한 한국말 소리는 영어 원어민도 우리와의 발성 차이로 인하여 우리처럼 정확하게 소리 낼 수 없을 뿐만 아니라 우리가 골반발성으로 연습할 때도 선명한 한국말처럼 소리 내기가 어렵습니다. 또한 이런 발성의 차이점과 한국말 모국어의 습관성으로 인해 우리가 골반발성 연습 중 많은 한국어의 자음, 탁음과 파열음을 소리 낼 때 소리를 정확히 내기 위하여 자신도 모르게 저절로 한국말 발성인 성대발성으로 전환되는 경우가 발생되어 많은 혼란에 빠지곤 합니다. 하지만 모든 것이 처음에는 쉽지 않겠지만 각자의 꾸준한 노력에 의해 서서히 변화시킬 수 있습니다.

단어를 많이 암기할수록 영어말이 잘 들리나요?

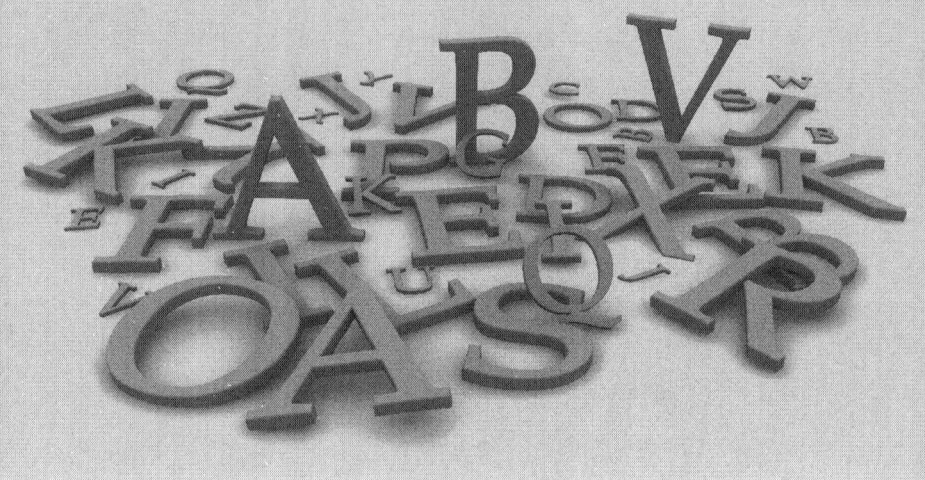

어떤 사람은 영어 원어민과의 대화 또는 드라마 속의 대화에서 자신이 알고 있는 단어 수만큼 알아들을 수 있다고 합니다. 또는 알고 있는 단어는 들리고 모르는 단어는 대화에서 안 들린다고 합니다. 그렇다면 단어를 많이 알고 있고 영어 공부 잘하는 사람들이 원어민의 음성을 더 잘 알아들을 수 있을까요? 그렇지 않습니다. 말속에서 단어의 의미를 알고 모름이 중요한 게 아니라 그 단어가 정확히 구별되어 들리는가가 중요합니다. 가령 한국말의 대화에서 모르는 용어들이 몇 개 사용되더라도 대부분 전체 내용의 이해에는 문제가 없는 것과 같습니다. 그러므로 대화에서 단어의 의미를 몰라 안 들리는 게 아니라 그 소리가 단지 웅얼거리는 소리로 들리기 때문에 무슨 말인지 알아들을 수 없으며 또한 단어마다 분리시켜 들을 수 없기에 우리는 그냥 안 들린다고 말하는 것입니다.

우리는 그 말들이 글로 쓰여 있다면 몇 개의 단어를 몰라도 전체 내용을 이해할 수 있지만, 원어민 말로 들으면 단어의 의미를 모르는 것이 아니라 어떤 단어가 사용되었는지 구별되어 들리지 않습니다. 우리가 많은 영어 단어의 의미와 발음을 학교에서 학습적으로 습득하여 알고 있더라도 영어 원어민과의 실생활 대화에서는 단어가 선명하게 구별되어 들리지 않습니다. 아무리 많은 단어와 숙어를 알고 있어도 그것들이 원어민 말속에서 명확히 구별되어 들리지 않는다면 단지 웅얼거리는 소리로만 들릴 것입니다. 그러기에 미리 알고 있는 단어조차 똑같이 웅얼거리는 소리로 들리지만, 알고 있는 단어는 그나마 미리 들어봐서 조금 익숙했던 소리이기에 개략적으로 인지할 수 있는 것입니다.

말은 단어가 정확히 구별되어 들리기만 하면 반복적 사용과 습관으로 인해 누구에게나 저절로 배워집니다. 현재 많은 단어를 모르고 있다 해도 여러분이 점점 영어말을 많이 하게 되면 자신이 표현하고자 하는 의미의 필요한 단어를 스스로 찾아 습득하게 되어 있습니다. 가령 글을 모르는 할머니, 할아버지 및 어린 아이도 말은 누구나 합니다. 물론 말을 효과적으로 잘하기 위해서는 많은 단어를 알고 있어야 하지만 중학교 과정에 나오는 단어면 일상대화에서 전혀 문제가 없습니다. 그러므로 어려운 단어의 단순한 암기는 원어민 음성 듣기의 능력 개발에는 도움이 되지 않으며 일상대화에서도 잘 사용되지 않습니다. 또한 학습적으로 단순히 외운 단어는 역으로 다시 기억해 내야 하는 과정으로 인해 실생활의 대화에서 바로 바로 사용하기가 어렵기에 모든 단어를 음성적으로 익숙한 상태로 만들어야 합니다. 어려운 단어는 필요에 따라 그때의 상황에 따라 숙지하면 될 것입니다.

단어 하나에는 여러 다른 의미가 있을 수 있으며 우리는 지금까지 이 하나의 단어에 여러 다른 의미를 함께 묶어서 영어 사전처럼 통째로 암기하는 방법으로 학습해왔습니다. 하지만 이렇게 통합적으로 암기된 단어는 우리가 실제 영어 대화 과정에서 필요 상황에 적절한 의미의 단어를 필요로 할 때 단어 속에서 그 의미들을 확인하여 기억해내야 하므로 순간적으로 사용하는 데 복잡성을 야기합니다. 그러므로 이제부터 여러분은 역으로 각각의 필요 상황에 맞는 적절한 단어를 기억 및 습관화 시켜야 하며 같은 스펠링의 단어라도 각각 상황과 조건에 맞추어 별개 의미의 단어 개념들로 각각 기억시켜야 합니다. 즉, 한 단어에 모든 의미를 묶어서 외우는 것이 아니라 필요 상황 및 의미에 맞는 각각의 기본 단어로 기억해야 하며 비록 같은 스펠링의 단어라도 상황적 의미에 맞게 각각 기억해야 특정한 상황에 필요한 단어를 바로 적용시킬 수 있는 것입니다.

또한 단어는 주변 단어의 조합과 함께 그 의미가 결정되므로 단순한 단어의 암기보다는 단어의 패턴과 조합으로 함께 의미가 기억되어 있어야 종합적인 어휘력으로 발전하게 되며 보다 중요한 것은 이 패턴과 조합의 형식이 바로 문법의 구성으로 머릿속에 저절로 자리 잡히게 되는 것입니다.

참고로 영화 또는 드라마의 대사들도 중학교 과정의 단어가 약 70% 이상을 차지하며 나머지 어려운 단어를 모르고 있다 해도 대화의 이해에는 큰 문제가 되지 않습니다. 미국 초등학생이 영화를 볼 때 대사의 모든 단어를 다 알고 있지는 않겠지만 영화를 보고 전체 내용을 이해하는 데 전혀 문제가 없을 것입니다. 또한 원어민의 실생활 대화에서 사용하는 단어의 적용은 우리가 학교에서 배운 의미와 다르게 활용되는 경우가 많습니다. 학교 학습을 통하여 우리의 뇌에 암기된 단어는 한국적 사고의 번역과정으로 원어민과의 대화과정에서 순간적으로 이해하는 데 어려움을 겪게 되는 경우도 많습니다. 하지만 우리가 외국인으로서 영어 단어와 문법에 대해 아무것도 모르고 언어를 배운다는 것은 아마 유아기 때 시작해야만 가능할 것입니다.

대부분의 한국인처럼 이미 한글 모국어에 고착화된 사람들이 영어말을 제2외국어로 추가로 배우기 위해서는 기본적으로 중학교 수준의 단어와 문법의 지식을 미리 갖추고 있음으로써 영어말의 의미를 보다 빨리 이해하고 습득할 수 있을 것입니다. 그러나 영어 단어의 의미를 단순히 번역을 통하여 두뇌에 학습적으로 암기된다면 결국 쉽게 잊어버리게 되며 또한 말을 할 때 그 단어가 역 번역 과정을 거침으로써 실생활의 현장 대화에서 바로바로 순간적으로 적용되지 않습니다. 그러므로 영어 단어의 의미를 원어민 소리와 함께 영어적 의미로 인식해야 하며 중간에 한글로의 번역 변환을 하지 말아야 합니다. 또한 단어의 의미를 실제 물건이나 행동적 느낌 또는 생활주변의 활용으로 연상시키며 자신의 골반발성 소리와 함께 뇌에 반복적 습관화로 저장시킨다면 결코 쉽게 잊히지 않을 것이며, 또한 이런 습관적 익숙함으로 인해 영어말에서 그 단어가 들리는 순간 그대로 인지되게 될 것입니다.

다시 말하지만 단순히 개별적 단어의 암기보다 차라리 단어들의 조합 형태 또는 문장의 패턴 형태로 습관화시키고 필요 상황에 따라 그 구성 속의 단어를 교체시켜 활용하는 연습이 필요합니다. 영어는 단어의 조합에 따라 의미가 달라지므로 단어의 구성 및 문장 패턴과 함께 받아들여야 하며 단순한 암기의 단어는 실제 대화의 필요 순간에 활용할 수 없게 됩니다. 또한 실생활에서 사용되는 대화의 문장 패턴과 함께 단어를 말소리와 함께 습관화시키면 원어민처럼 말로 표현하는 데 도움이 될 것입니다.

결론적으로, 원어민 말소리를 정확히 구별하여 들을 수만 있다면 많은 단어를 모른다 하더라도 각자 자신이 알고 있는 단어나 어휘력에 맞는 수준의 표현으로 맞추어 대화할 수 있습니다. 물론 대화의 표현력에 대한 수준은 각자 사용하는 단어나 어휘력의 능력에 따라 차이가 나겠지만 이것은 개인마다 능력의 문제이며 각자 학습함으로써 스스로 해결해야 할 문제입니다. 하지만 만일 원어민의 말소리를 정확히 알아들을 수 없다면 단어를 많이 알고 있는 사람이나 조금 알고 있는 사람이나 모두 원어민과 대화를 자유롭게 할 수 없다는 것입니다. 그러나 보다 많은 단어와 숙어 등의 어휘력을 원어민 음성과 함께 익숙하게 습관화하고 있다면 차후에 자신이 전달하고자하는 대화 내용을 정확하고 효과적이며 전문적이고 학술적으로 표현할 수 있기에 유용할 것입니다. 결론적으로 단순히 단어를 많이 암기한다고 영어 원어민의 웅얼거리며 뭉그러진 소리가 선명하게 들리지는 않습니다. 어쩌면 비슷한 소리이니까 부분적으로 빠른 추측은 가능하겠지만 근본적인 해결은 아닐 것입니다.

영어 원어민의 말을 듣고 말하기 위해 반드시 먼저 문법이 필요한가요?

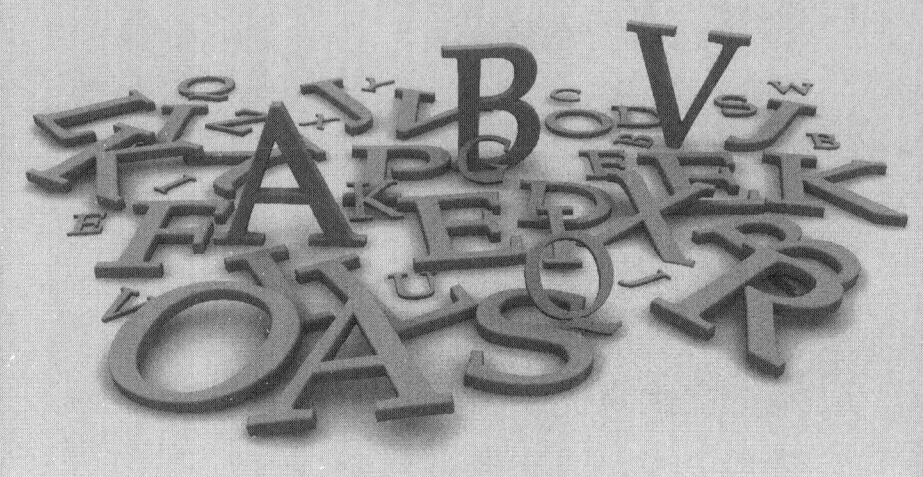

모국어 언어를 습득함에 있어서 먼저 어려서 말을 배우며 저절로 문장의 형식에 익숙해진 후 다음에 학습적으로 문법적 요소들을 배우고 결과적으로 자신의 말을 문법에 맞추어 다듬는 것이 언어의 완성을 위한 자연스러운 과정일 것입니다. 말을 어려서 배울 때 사람들은 자신도 모르게 단어의 조합과 패턴으로 의미가 습관적으로 기억되며 이렇게 어색하지 않은 조합과 패턴의 형식이 바로 문법의 기본적 구성으로 저절로 자리 잡히게 되는 것입니다. 문법은 언어 구성의 규칙성을 설명하는 도구로서 문장이 잘못되거나 어색하지 않게 조합시키는 형식입니다. 하지만 많은 한국인처럼 먼저 문법을 배우고 대화의 문장을 문법의 공식으로 맞추어서 만들어 말한다면 그 복잡성 때문에 자연스러운 대화가 불가능할 것입니다.

우리가 하고자 하는 말의 문장 구조와 형식을 올바르게 이해하기 위해서 문법이 필요합니다. 하지만 여러분이 어려서 한국말을 처음 배우기 위해 문법이 필요했었나요? 어린아이나 두메산골의 교육받지 못한 어르신들이 문법을 알기 때문에 말을 할 수 있는가요? 일상생활에서 말을 할 때 문법적으로 분석할 필요가 있는지요? 말을 배우는 것과 글을 배우는 것은 다른 차원입니다. 언어에서 말의 표현 형태는 문법적인 글의 형태와 다를 수 있으며 또한 우리의 뇌에 학습으로 기억되거나 습관화되는 방법도 다르며 또한 말하기 능력과 문법적 지식의 능력은 다르게 적용됩니다. 가령, 우리는 일상 대화에서 신문 기사나 책의 문장처럼 말을 하지 않습니다. 하지만 문법을 많이 알면 말에 대한 자신의 표현 형식 및 구조가 잘못되었음을 판단할 수 있으며 또한 표현을 보다 전문적으로 구사할 수 있을 것입니다. 그러나 어린아이나 교육을 받아보지 못한 어르신들, 전문직 종사자들 그리고 영문법 전문가들 모두가 함께 일상적 대화를 하는 데는 문법적 지식의 문제가 전혀 없습니다.

말은 저절로 배울 수 있지만 글은 학습적으로 배워야 합니다. 하지만 우리는 지금까지 영어에 대한 말과 글의 교육을 하나로 진행해 왔기에 한국인에게 영어말이 무한히 어렵게 느껴졌으며 또한 원어민과 대화하기에 자신이 없었던 것입니다. 영어말과 한국말 모두 언어의 습득과 활용은 기능적이며 자연적인 것입니다. 사람은 저절로 말을 먼저 터득한 후 글을 배우고 문법을 배웁니다. 말은 습관과 반복으로 자연스럽게 배워지며 우리도 모르게 문법적으로 자리 잡히게 됩니다. 우리가 말을 할 때는 습관과 숙련에 의한 단어의 선택과 문장의 구성으로 하며 문법적인 분석으로 하지 않습니다.

　말은 알고 글을 몰라도 사회생활에서 살아갈 수는 있지만, 글을 안다 하더라도 말을 모르면 대화가 안 되므로 함께 살아가기가 어렵습니다. 한국뿐만 아니라 미국에서도 글과 문법을 모르는 많은 사람들도 사회적 커뮤니티 속에서 함께 살아가고 있습니다. 과거 영어 학습도구가 부족했던 시절에는 영어 원어민의 실생활 말에 대한 형식을 접촉할 수 없었기에 우리는 어쩔 수 없이 역으로 영문법 구성의 형태로 단어를 맞추어 말을 하였습니다. 문법이 학교나 사회에서 영어시험 또는 공문서 작성을 위해 필요할지라도 영어를 말하고 듣기 위한 선행조건이 아닙니다. 실제로 우리는 학교나 학원에서 배워 자신에게 세뇌된 문법의 형식 및 내용의 구속으로 인해 영어를 말하고 듣기에 방해를 받는 경우가 많습니다. 왜냐하면 영어로 말하고 들을 때마다 문법적 구성으로 받아들이기 때문에 머릿속에서 더 혼동이 일어나기 때문입니다. 말의 내용을 구체적으로 분석하기 위해 문법이 필요할지 몰라도 단순히 말을 하기 위해서

절대로 필요한 것은 아닙니다.

　사실 한국인이나 외국인도 자신의 모국어 말을 할 때 문법을 고려하며 말을 하지 않으며 또한 일반사람들 중에서 자국어의 문법들을 제대로 알고 있는 사람들도 많지 않을 것입니다. 실생활 대화에서는 학교에서 배운 문법 형식으로 말하지 않는 경우도 많습니다. 아이러니컬한 이야기지만 일반 미국사람보다도 영문법을 더 많이 아는 국내의 한국인도 많은데 그들 역시 영어 원어민의 말들을 알아들을 수 없는 것이 현실입니다. 기본 문법들은 생활 속에서 저절로 습득 및 습관화되어지며 또한 필요할 때마다 사전이나 참고서적을 통해 얻으면 될 것입니다.

　문법을 너무 선행적으로 강조하는 사람들은 말을 문법적으로 짜맞추게 됨으로써 대화중 머리가 복잡해질 뿐만 아니라 대화의 속도에 방해가 되는 경향이 있습니다. 하지만 많은 한국인이 그러하듯이 이미 영어 공부를 오랫동안 하여 기본적인 영어 문법과 어휘력이 확보된 분들은 아마 영어의 기본 능력이 갖추어진 상태일 것입니다. 그러므로 앞으로 이런 분들이 필자의 골반발성을 통하여 영어 원어민의 말을 정확히 알아들을 수 있게 된다면 점점 학습적으로 뇌에 기억된 문법과 어휘가 음성적 언어의 기능적 습득 및 습관화로 전환 될 것입니다. 또한 이에 따라 자신의 영어말 능력을 원하는 상태로 발전시킬 수 있을 뿐만 아니라 한국인으로서 영어말에 자신감이 생기리라 확신합니다.

　결론적으로, 영문을 한글로 번역할 때는 한글의 문법 및 어순에 맞추어 새로이 조합시키는 과정이 필요할 것입니다. 하지만 영어로 말을 하거나 들을 때는 번역과정 없이 단지 영어의 어순적 사고의 순서로 이해하여야 하며 우리가 그 어순에 익숙해짐으로써 원어민처럼 영어말을 할 수 있게 됩니다. 대부분의 한국인처럼 이미 모국어에 고착화된 사람들이 영어말을 제2외국어로 추가로 배우기 위해서는 기본적으로 중학교 수준의 기본 문법 지식을 갖추고 있음으로써 영어말의 의미를 보다 빨리 이해하고 습득할 수 있을 것입니다. 또한 영어 능력의 지속적인 향상을 위해서도 기본 문법 지식을 알고 있는 것이 보다 빠른 발전에 많은 도움이 될 것입니다. 문법을 통하여 우리가 하는 말이 올바른지 분석할 수 있으며 다양한 표현에 도움을 줄 수 있습니다. 하지만 문법을 몰라도 말은 할 수 있으므로 말을 배우기 위해 반드시 문법이 선행적으로 필요한 것은 아닙니다.

한국말과 영어말의 어순은 어떻게 다른가요?

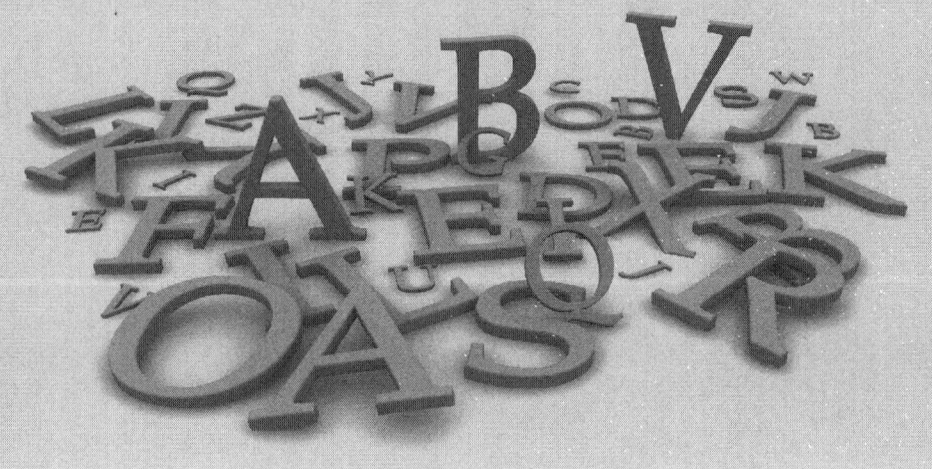

한국말과 영어말 단어들의 위치 및 배열에 대한 차이점의 이해는 영어말을 원어민처럼 습득하기 위해 골반발성 다음으로 매우 중요합니다. 만일 영어말의 어순적 특징을 모른다면 원어민 말을 들을 때 우리는 머릿속에서 한국말 어순의 습관으로 인한 번역과 조합의 과정이 발생되어 혼동을 일으키지만, 만일 영어말 어순의 특징을 알고 있다면 영어말은 듣는 순서대로 말의 조합이 이루어짐을 알게 될 것이며 이때부터는 아무리 긴 문장을 읽거나 들어도 왜 문장이 끝나지 않나 하는 불안한 마음이 들지 않게 될 것입니다.

어순의 차이는 우리가 말하고자 하는 내용에 대한 단어의 전개

방식 차이입니다. 대화말 속에서 몇 개의 모르는 단어가 있더라도 전체 내용에 대한 몰이해는 모르는 단어가 원인이 아니라 영어말 문장의 어순 및 패턴에 익숙하지 않은 까닭입니다. 사람은 누구나 말을 들으면서 어느 정도 짐작할 수 있는 능력이 있기에 문장 속에서 그 단어나 숙어를 모르더라도 단어 소리만 선명하게 구별하여 들을 수 있다면 어순을 통하여 짐작을 할 수 있음으로써 100% 정확하게 해석을 하지 못하더라도 대화 중 약 70~90% 정도 대부분의 내용으로도 전체적 의미를 거의 이해하게 됩니다.

한국말의 어순적 특징은 먼저 주변 설명을 한 뒤 나중에 결론이 무엇인지 알려주는 반면, 영어말의 어순적 특징은 결론적 주어와 행동을 먼저 설정한 뒤 나중에 주변을 설명하거나 또는 주어와 동사로 하고 싶은 말을 먼저 해놓고 뒷부분에 차례로 부연 설명하는 언어입니다. 또한 한국말은 각종 조사를 이용하는 어휘 활용의 다양성으로 인해 어순을 바꾸어도 전체적 의미가 이해되기에 반드시 한국말은 문장을 다 듣고 난 후에야 전체적 결론을 얻을 수 있습니다. 가령, 한국말은 "어제 비가 올 것 같아서 집에서 쉬다가 심심해서 그냥 산에 올라갔다."처럼 앞의 말만 듣고 전체적 결론을 알 수 없으며 결국 다 들어봐야 무슨 결론인지 알 수 있습니다.

하지만 영어말은 어순을 바꾸면 의미가 바뀌거나 의미가 성립되지 않기에 반드시 처음에 주어(행위자)와 동사(행위)로 내용의 핵심을 알려주며 차차 뒷부분에 부수적 설명들을 첨부합니다. 이처럼 영어 원어민은 '자신 또는 대상'인 주어(행위자)를 먼저 설정하며 차차 그 대상이 점점 어떻게 행동하고 전개하는지의 주변 상황을 가까운 의미의 순서로 연결하여 설명합니다. 그러므로 영어말은 대부분 뒤의 단어가 앞의 단어를 보조적으로 설명합니다. 가령, 영어말은 "나는 산에 올라갔다 - 그냥 심심해서 - 어제."처럼 주어(행위자)와 행위를 먼저 설정시키고 차차 보조적 설명이 연결됩니다.

또한 한국말은 기본적 순서의 구성이 (언제, 어디서, 누가, 무엇을, 어떻게 하다) 이며 실제 예로 (어제 /학교에서 /철수가 /비 맞으며 /집에 왔어)처럼 말합니다. 반면에 영어말은 먼저 대상(행위자)과 행동이 나오는 (누가 ~하다)의 주어와 동사의 기본 구성을 설정한 후 추가적으로 주변 설명인 (무엇을 어떻게)와 같은 목적어나 보어가 나오며 마지막에 장소, 방법 및 시간이 첨부됩니다. 또한 필요상황에 따라 각각의 골격에 디테일한 부수적 설명들이 첨부되곤 합니다. 가령 사진을 보며 설명하듯이 (철수가 집에 가는데, 비 맞고, 그래서 옷도 젖고, … 계속해서 … 점점 … 어떻게 되었다)처럼 영어말이 진행됩니다.

영어말 어순의 근원으로 영어는 문장의 전체를 생각하지 않고 일단 주어와 동사로 말을 시작하고 나서 뒤 문장을 말하면서 이어가는 영어 원어민의 사고에서 기인하는 것으로 보입니다. 또한 말을 하다 부족한 부분에 대해서는 'that'을 써서 보충 해주는 경향이 있습니다. 이 'that'은 언제나 앞 문장이 설명하고자 하는 내용을 상세히 설명해주는 작은 문장을 이끌게 됩니다. 그래서 영어를 읽거나 듣다가 'that'이 나오면 항상 한국말로 '그게 뭐냐면' 하는 느낌으로 앞부분을 더 설명하려는구나, 하고 생각하시면 됩니다. 'that'이 이끄는 종속절이 문장의 앞부분에 나올 수도 있고 뒷부분에 나올 수도 있습니다.

다시 한 번 정리를 해보자면 영어말은 주어부터 시작하여 중요한 순서대로 단어가 나열되며 아무리 복잡한 문장도 알고 보면 간단한 문장들의 조합이므로 that과 나머지 접속사들을 활용해서 문장을 이어 만든다는 것입니다. 그러므로 접속사와 관계사로 연결되어 복잡한 것처럼 나열된 문장도 우리가 영어말의 어순에 익숙하다면 듣거나 읽는 것과 동시에 그 내용을 그대로 받아들이는 것이 어렵지 않습니다. 말하고 싶은 내용이 있으면 일단 주어부터 시작하고 중요한 순서대로 단어를 연결해야 합니다. 차차 익숙해지면 접속사를 넣어서 긴 문장을 연습할 수 있습니다. 이렇게 연습하다 보면 자신의 말하고 듣기의 실력이 늘면서 문장 내의 세세한 내용도 알아듣게 되는 상태로 변화 될 것입니다. 그러므로 영어 어순의 원리를 이해하고 필요에 따라 문장 또는 대화 과정에서 어순을 확인하는 습관을 갖게 된다면 골반발성의 연습과정에서 점차 영어 어순에 따른 단어의 직접 인지에 익숙하게 될 것입니다.

우리가 영문을 한글로 번역할 때는 한글의 어순에 맞추어 새로이 조합시키는 번역 과정이 반드시 필요합니다. 하지만 단순히 영어로 말을 하거나 들을 때는 번역과정 없이 영어의 어순적 사고의 순서로 이해하여야 하며 우리가 그 어순에 익숙해짐으로써 원어민처럼 영어말을 할 수 있게 됩니다. 또한 학습적으로 분석되어 뇌에 암기된 것은 우리가 말을 할 때 역으로 다시 머릿속에서 문장을 분석 및 구성하게 하는 복잡성을 야기하므로 실생활의 현장 대화에서 바로 바로 적재적시에 순간적으로 적용되지 않습니다.

결국 자신의 영어실력이 원어민과의 대화에 활용되는 습관으로 자리 잡히기 위해서는 영어말 어순의 이해와 함께 실제 영어 원어민의 음성을 들으면서 골반발성으로 소리 내어 따라 말하는 꾸준한 노력이 필요합니다. 기본적으로 골반발성 연습을 통해 원어민의 말소리에서 단어가 선명하게 구별되어 들리게 되면 지속적인 골반발성 연습과정에서 저절로 영어말의 어순 및 문장 구성이 음성적 습득과 함께 습관적으로 뇌에 자리 잡히게 되며 결국 영어말도 모국어처럼 순간적으로 반응되어 바로 들으면서 바로 인지되는 직청직해의 결과를 얻게 될 것입니다. 하지만 우리에게 전혀 익숙하지 않은 이 골반발성과 영어 어순이 몸에 익숙하게 되기 위해서는 지속적이며 꾸준한 연습 기간이 필요할 것이라는 사실도 받아들여야 할 것입니다.

 ## 문장으로 들으면 안 됩니다

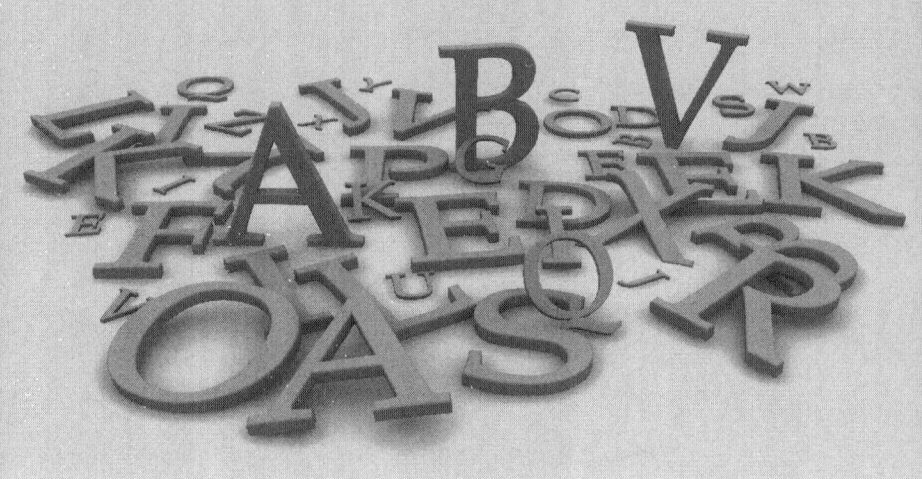

 말을 문장으로 듣고 이해하려 하면 반드시 머릿속에서 번역 과정이 발생됩니다. 머릿속에서 번역 과정이 있으면 잘 들리지도 않고 앞으로 나오는 말들을 놓치게 되어 더욱 복잡하게 됩니다. 그러므로 문장으로 듣지 말고 골반발성의 느낌으로 단지 각각의 단어를 구별시켜 따라가며 단어마다의 음성 소리에 집중하여 그대로 듣기만 한다면, 점차 영어 원어민의 음성뿐만 아니라 영어의 어순이 익숙해짐으로써 단어가 구별되어 들리게 될 것이며, 결국에는 전체적 이해 능력도 저절로 발전하게 될 것입니다.

하나하나의 모든 단어를 머릿속에서 빠르게 번역하는 것이 아니라 단어 그대로의 의미를 받아들이는 것입니다. 문장을 생각하지 않고 단어마다 집중하여 그대로 듣는 연습에서 처음에는 말의 내용이 이해되지 않을 것입니다. 하지만 점점 영어 원어민 음성의 단어가 구별되어 들리고 단어 그대로의 의미가 느껴진다면 처음에는 상대방 원어민의 말이 이해되지 않다가도 점차 영어 어순에 익숙해짐에 따라 대화 속 문장의 이해가 서서히 저절로 될 것입니다.

우리가 신문이나 책을 읽을 때도 그 언어에 숙달된 사람들은 그대로 눈이 가는 대로 머릿속에서 인지되어 내용이 이해되는 것과 비슷합니다. 물론 시간이 걸리겠지만 꾸준한 연습 후에는 결국 영어말소리도 들으면서 자동으로 인지되기 시작할 것이며 최후에는 말을 할 때도 문장의 구성과정이 따로 없이 생각나는 그대로 말하는 모국어 형태로 발전하게 될 것입니다.

그러므로 시간을 투자하여 반복적으로 많이 듣고 골반발성으로 따라 말하여 영어원어민 발성의 음성들에 익숙해져야 합니다. 하지만 가령 우리가 노래를 들을 때 가사는 생각하지 않고 단지 음과 리듬의 소리만 건성으로 듣는 형태의 연습은 도움이 되지 않습니다. 단어마다 그 순서 그대로의 발성 및 소리에 집중해서 듣고 단어 의미를 그대로 받아들여야 할 뿐만 아니라 골반발성으로 따라 소리 내야 하지만, 단어마다 각각의 번역 과정은 필요가 없습니다.

어떻게 연습해야 하나요?

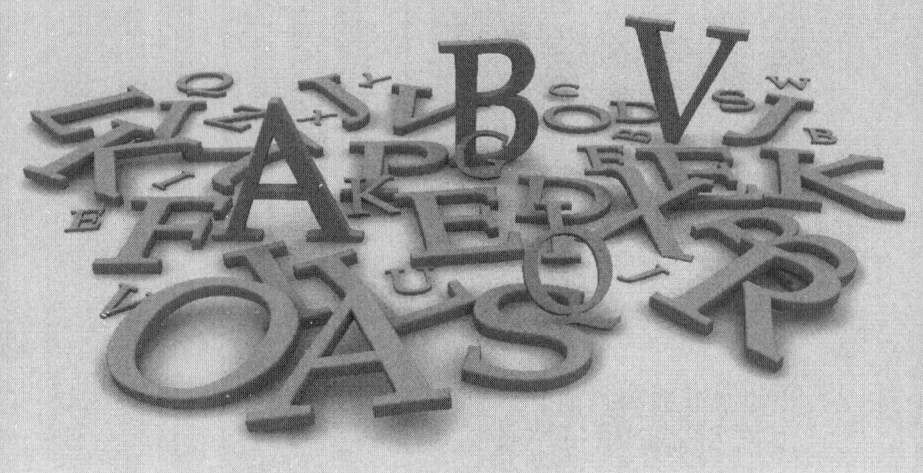

 공부 잘한다고 영어 원어민의 말이 잘 들리는 것이 아닙니다. 일류대를 나온 한국인이나 그렇지 않은 사람들이나 영어권 원어민의 말을 못 알아듣는 현실은 비슷합니다. 언어의 말은 누구나 저절로 할 수 있는 것입니다. 언어의 모국어화는 학습의 지식으로 얻어지는 것이 아니라 어려서부터 오랜 기간의 반복적 사용과 습관으로 저절로 이루어집니다. 그러므로 상대방의 발성을 알고 그들의 언어생활에 노출되어 함께 말을 하게 되면 말은 저절로 몸에 익숙해지는 것입니다.

유학 또는 어학연수를 다녀온 사람이라고 모두 영어말을 잘하지

않습니다. 미국 원어민 발성의 차이점을 모르면 아무리 노력해도 영어말이 들리지 않기에 미국에 단지 오래 있었다고 원어민 말이 쉽게 들리지는 않습니다. 그러므로 영어 원어민 발성과 한국말 발성의 차이점을 정확이 인지한 후 우리 몸에 배인 한국말 발성을 구별시키며 영어말 어순의 이해와 함께 앞으로 소개될 골반발성으로 꾸준히 연습 한다면 원어민처럼 영어말하기 및 듣기의 능력은 저절로 향상될 수밖에 없습니다. 그러므로 영어말을 잘하기 위해 반드시 많은 비용을 들여 유학 갈 필요는 없습니다. 유학의 장점으로는 외국 생활에서 영어를 주로 사용해야 하므로 그 필요성을 더욱 절실히 느껴 집중적으로 더욱 노력할 수 있을 것이고 또한 국내보다 실제 영어말 대화의 사용량이 많다는 것입니다. 하지만 유학을 간다고 해도 모두 성공하는 것은 아니며 또한 한국인이 많은 주변 환경이나 또는 자신의 노력이 정말로 절실하지 않다면 그 효과는 미미할 것입니다. 그러므로 만일 여러분이 유학을 가지 않더라도 국내에서 골반발성과 함께 스스로 영어의 필요성을 절실히 느끼며 열심히 노력한다면 각자 원하는 결과를 얻을 수 있을 것입니다.

우리 대부분의 한국인처럼 이미 한국말이 모국어화 된 상태에서 영어말을 제2의 모국어처럼 유창하게 하기 위해서는 2개 언어에 대한 발성 및 어순의 차이로 인해 많은 혼란 과정을 겪게 됩니다. 가령 영어말의 발성 및 어순적 차이로 인해 우리는 영어말 습득을 제2외국어의 학습을 통하여 시작하게 되며 이것을 다시 소리의 습관으로 정착화시키기 위하여 많은 노력을 하여야 합니다. 이것은 꾸준한 골반발성 연습과 스스로 직접 대화 환경에 노출되어 영어로 말하고 듣기의 오랜 연습 과정을 통한 습관화만이 자신도 모르게 영어를 저절로 습득할 수 있는 것입니다.

이제 여러분은 스스로 영어말 발성의 차이점을 깨우친 후 많은 인터넷 매체들 또는 외국 드라마 속의 대화들을 이용하여 미국 현지 환경과 비슷한 영어말을 연습할 수 있습니다. 스스로 영어 원어민의 환경 속으로 노출시켜 습관화시키는 만큼 그와 비례하여 발전할 것입니다. 외국 드라마를 시청하거나 아침마다 영어 방송을 청취하며 국내 뉴스를 접하는 것도 처음에는 내용이 쉽게 이해되지 않겠지만, 꾸준히 노력한다면 점차적으로 골반발성을 통하여 영어 어순의 습득과 함께 영어말의 이해력을 높이는 데 도움이 될 것입니다.

또한 만일 여러분이 자가용을 운전하며 그 차가 블루투스 기능을 갖추고 있다면 항상 운전할 때마다 스마트폰을 연동시켜 영어 원어민의 인터넷 라디오 방송 (STITCHER 인터넷 방송 또는 NPR News 등)을 청취 하면서 골반발성으로 따라 말한다면 초기에는 느끼지 못하겠지만 점차 자신도 모르게 원어민 영어말의 듣기와 골반발성으로 말하기가 발전되며 이에 따라 영어 어순도 서서히 익숙하게 자리 잡히게 되어 결국에는 영어 방송의 대화들을 그냥 들으면서 이해가 되는 상태로 발전하는 것을 확인할 수 있습니다.

골반발성 음성은 우리가 골반 양옆을 이용하여 가볍게 구토할 때 발생되는 중성적인 울림 음성으로 한국말 음성에서는 전혀 사용되지 않는 소리입니다. 이런 중성적 울림 음성의 감각적 특징을 한 번도 경험해 보지 못한 여러분께 이 책의 문자로는 설명하기 어렵습니다. 하지만 만일 여러분이 이 책의 제2, 3장에서 소개되는 골반발성의 연습 방법을 참조하며 각자 영어 원어민의 대화를 골반발성으로 따라 소리 내어 꾸준히 연습한다면 반드시 여러분 스스로 영어 원어민의 발성음이 어떤 것인지 알 수 있습니다. 또한 이런 음성적 특징으로 인하여 우리 한국인이 왜 지금까지 그들의 웅얼거리며 뭉그러진 말소리들을 구별하지 못할 수밖에 없었음을 스스로 인정하게 될 것입니다.

초기의 골반발성 연습에서는 골반발성으로 인한 음성적 차이뿐만 아니라 그에 따른 호흡의 미묘한 변화 그리고 하부골반으로부터 성대를 통해 나오는 음성의 2중적 전달에 대한 시간적 지연의 느낌 차이로 인해 우리가 골반발성으로 대화한다는 것이 불가능처럼 느끼겠지만, 이 어려움을 참고 일정기간 동안 꾸준히 연습한다면 결국 서서히 영어 원어민의 소리가 선명하게 들리게 되며 또한 그로 인하여 점점 듣는 대로 이해가 되기 시작하는 변화를 아주 조금씩 느끼게 될 것입니다.

원어민의 발성을 연습하기 위해서는 올바른 도구가 필요할 것입니다. 국내 순수 한국인의 음성으로 만든 영어 대화 자료는 원어민의 발성과 다르므로 권하지 않습니다. 기계적으로 변화시킨 팝

송 및 외국노래 소리는 의도된 소리로서 실제 생활에서의 자연스러운 발성 소리와는 느낌이 다를 수 있습니다. 미국 영화, 드라마 또는 시트콤 대화 내용이 현지 언어의 발성, 스피드, 리듬 및 악센트를 그대로 표현하기에 적당할 것입니다. 인터넷 강의를 찾아보면 원어민의 실생활 대화 내용을 쉽게 구할 수 있습니다. 원어민의 드라마, 시트콤 또는 영화에서 나오는 대화 대본의 문장들을 확인해보면 물론 어려운 단어도 간혹 나오거나 또는 대화의 표현 방법들이 우리가 배워온 문장 구조와 다를 수도 있지만, 대본의 문장들을 해석해 본다면 우리는 그 내용을 전체적 또는 개략적으로 이해할 수 있을 것입니다. 그러므로 만일 그 대화 내용의 단어가 원어민의 소리를 통해 우리에게 정확히 전달될 수만 있다면 우리는 원어민과의 대화로도 그 내용을 이해할 수 있게 되는 것입니다.

각종 도서 및 인터넷 사이트에는 필요 특성에 맞는 많은 영어 교육 과정들과 특별 목적에 필요한 강좌들이 있을 것입니다. 이런 강좌들을 이용하여 스스로 골반발성을 연습할 때 발음에 관련된 교육 내용은 일단 무시한 후 단지 골반발성으로 듣고 따라 말하기에 집중하십시오. 원어민의 음성 소리를 정확히 듣고 말하기 위해서는 골반발성의 습관화가 우선적으로 필요한 것입니다. 처음에는 그들의 소리가 그저 웅얼거리는 빠른 소리로서 잘 들리지 않기에 그대로 따라 말하기도 어려울 것입니다.

집중하여 듣기의 반복보다는 원어민의 음성으로 따라 말하기가 더 중요합니다. 여러분이 골반발성으로 원어민 음성과 비슷하게 따라 말할 수 있을 때 그들의 소리가 선명하게 구별되어 들릴 것입니다. 참고로 학생들이 원어민 발성의 구별 없이 단순히 각종 인터넷 강좌를 통하여 영어 말하기와 듣기를 연습하면 그 당시 실력이 향상되는 것을 느낄 수도 있을 것입니다. 단지 강의 내용의 반복적 학습에 의한 일시적 현상일수도 있으며 또한 나중에는 예전의 상태로 환원되곤 합니다. 이것은 영어 원어민 발성의 차이점을 모르기에 일어나는 결과로서 결국 자신의 영어말 실력을 향상시키는 데 한계가 있는 것입니다. 하지만 골반발성을 통해 원어민과 비슷한 음성으로 꾸준히 연습한다면 처음에는 상당히 불편하겠지만 최종적 결과는 확연히 다르게 될 것입니다.

골반발성 연습은 각자 원어민의 대화 내용의 MP3 파일을 구한 후 자신의 스마트폰을 이용하여 매일매일 그 대화 음성들이 귀에 익숙해지고 원어민의 소리가 선명하게 구별되어 들릴 때까지 반복적으로 들으면서 이 책에서 소개할 골반발성을 이용하여 그들과 비슷한 음성으로 따라 말하십시오. 골반발성 연습 과정에서 원어민 대화 음성들이 잘 구별되어 들리지 않는다면 자신의 발성이 잘못되었다는 의미입니다. 여러분이 골반발성으로 올바르게 소리 낸다면 점차적으로 원어민의 대화 음성이 정확히 구별되어 들리게 될 것이며 또한 최종적으로는 긴 문장도 그대로 이해되며 받아들이게 될 것입니다. 하지만 만일 원어민 말소리가 정확히 들리지 않는다면 긴 대화의 말을 정확히 따라 말할 수 없을 것입니다.

단어가 정확히 들리면 서서히 전체적인 말로서 자연스럽게 구성되어 기억되지만, 그렇지 않다면 여러분은 긴 대화의 말들이 문장으로 들려서 외우는 현상이 발생되는 어려움을 겪기 때문입니다. 물론 정확히 들리지 않으니 지문을 보고 외울 수도 있을 것이며 외워진 문장이 저절로 들리는 것처럼 착각할 수도 있을 것입니다. 그러므로 만일 골반발성의 꾸준한 연습 후에 원어민의 음성 소리가 선명하게 들리게 된다면 긴 문장의 대화도 단지 약간 긴 말로 받아들여져서 그냥 따라 말할 때 무슨 의미인지 알게 (직청직해) 되며 또한 그대로 따라 말할 수 있게 되는 것을 확인할 수 있습니다.

처음에 잘 안 들리는 것은 당연합니다. 골반발성의 연습 처음에는 그렇지 않아도 영어를 잘 못하는데 거기에다 골반발성으로 듣고 말하기에 신경이 쓰이는 복잡함으로 인해 더욱 안 들릴 것입니다. 이런 이유로 연습 초기에는 많은 혼동 속에서 발전의 느낌을 알 수 없겠지만 이 어려움을 참고 일정기간 동안 꾸준히 연습한다면 결국 서서히 영어 원어민의 소리가 선명하게 들리게 되며 또한 그로 인하여 점점 듣는 대로 이해가 되기 시작하는 변화를 아주 조금씩 느끼게 되는 경험을 하게 될 것입니다. 또한 골반발성의 2차적 전달 발성 과정에서 골반 양옆의 감각적 눌러 쪼임 후 실제 소리는 약간 지연되어 만들어짐으로써 초기 연습 과정에서는 발성의 감각적 혼란을 느끼겠지만 꾸준한 연습 후에는 서서히 저절로 적응되게 될 것입니다.

연습 과정에서 대화 내용의 문법 및 의미의 이해도 중요하지만 선명하게 구별되어 들리는 게 더 중요합니다. 영어 원어민의 소리가 안 들리는 문제는 듣기 능력 및 발음의 문제가 아니라 그들의 음성과 비슷하게 말할 수 없는 우리 한국인 발성의 문제인 것입니다. 결국 골반발성 말하기는 습관의 정착화이며 이것은 시간이 걸릴 수밖에 없습니다. 그러므로 꾸준히 원어민의 실생활 대화를 골반발성으로 계속 비슷한 리듬과 속도로 따라서 소리 낸다면 점점 자신의 발성이 원어민의 음성과 비슷하게 될 것이며 그에 따라 그들의 소리들이 선명하게 구별되어 들리게 될 것입니다. 결과적으로 그들의 음성이 구별되어 들림으로써 전체 대화 내용의 인지가 서서히 저절로 이루어지기 시작합니다. 결국 영어 문장의 어순 구조가 자연스럽게 우리 뇌에 익숙해지며 이것들은 우리가 대화를 들을 때 쉽게 들리게 하고 말할 때는 저절로 나오게 하는 모국어와 같은 능력으로 진화될 것입니다.

여러분 스스로 원어민의 대화를 이용하여 골반발성을 연습하는 과정에서 특별히 집중해야 할 부분은, 그냥 듣는 대로 바로 이해(직청 직해) 하는 능력을 점차 익혀야 하며 또한 영어 어순 및 어휘적 패턴들이 습관화로 몸에 배도록 하여야만, 결국 최종적으로 영어말이 모국어처럼 그냥 자연스럽게 들으면서 이해하고 생각나는 대로 말을 할 수 있는 능력을 얻게 될 것입니다. 처음의 과정에서는 골반발성으로 원어민 음성을 따라 말하는 연습을 할 때 많은 영어 음절들이 초기에는 부정확하고 이상한 발음으로 소리 나겠지만 꾸준히 연습을 지속하면 점차 자연스러운 골반발성의 소리로 자리 잡히게 될 것입니다.

참고로, 본인이 소개하는 골반발성 방법만 배운다고 영어 원어민처럼 말하기 및 듣기의 모든 것이 해결되지는 않을 것입니다. 골반발성 원리를 깨우친 후에도 각자 스스로 원어민 실생활 영어말의 어휘력 및 표현에 대한 습득 및 정착을 위한 지속적인 연습이 필요할 것입니다. 언어의 전달과 표현은 주어진 상황의 상태, 느낌 및 감정에 따라 여러 형태로 달리 표현될 수 있으며 특히 외국 현지에서 사용하는 용어의 표현 및 구성 방법도 우리가 학교에서 배운 문법 형식과 다른 경우가 많으며 또한 전혀 접해보지 못한 것도 너무 많을 것입니다. 영어 원어민과 우리는 서로 다른 지역, 기후, 인종, 풍습, 생활양식, 습관, 문자, 언어 표현 방법들로 살아왔기에 우리가 원어민의 말을 들을 때 전혀 예측할 수 없는 표현의 단어 구성도 있을 수 있으며 또한 비록 쉬운 단어들만이 사용되었더라도 그 구성 및 조합이 우리가 예상치 못한 표현법이기에 대화 내용을 빨리 인지 못하는 경우가 많을 것입니다.

인정하건대 대한민국에 태어나서 현재 국내에 살고 있는 우리에게 영어 원어민과 같은 완전한 영어말 능력으로의 발전은 제한적일 수밖에 없을 것입니다. 외국어 언어의 완벽한 체득은 반드시 그들 나라의 커뮤니티 속에서 오랜 기간 동안 함께 생활하면서 실제 생활에서 사용되는 용어 및 감각적 표현 방법을 그들과 함께 동질감으로 느끼며 사용할 때나 가능할 것입니다. 하지만 우리 대부분이 바라는 목표는 비록 원어민과 같지는 않더라도 우리가 외국인으로서 영어말을 원어민과 비슷하게 할 수 있으며 또한 서로의 대화에 문제가 없으면 만족해도 될 것입니다. 결국 서로의 대화 과정에서 약간의 단어, 숙어 또는 표현 방법을 정확히 모른다 해도 우리가 알고 있는 단어와 표현으로 대체함으로써 의사전달에는 전혀 문제가 없게 할 수 있을 것입니다. 그러므로 여러분은 앞으로 골반발성의 꾸준한 연습을 통하여 각자 자신의 능력들을 원하는 수준으로 향상시키기를 기원합니다. 참고로 골반발성 사이트 www.golban.net를 통하여 기타 정보도 구할 수 있습니다.

최종적으로 영어 원어민처럼 듣고 말하기 상태는 어떤지요?

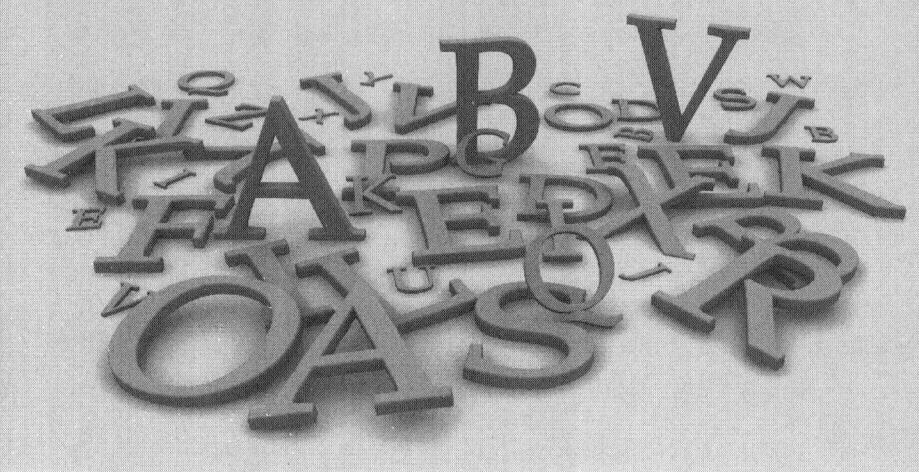

원어민처럼 듣고 말하기 위해서는 머릿속의 생각이 바로 영어말로 나와야 합니다. 물론 자신이 알고 있는 어휘력을 이용하여 말이 나오므로 말하는 사람의 나이, 교육수준 및 전문성에 따라 표현력의 차이는 있을 것입니다. 하지만 개인적 표현력의 차이에도 불구하고 자신의 생각이 바로 말로 나와야 합니다. 머릿속에서 영어로 말을 구성하는 중간 과정이 있으면 안 됩니다. 생각이 말로 나오는 과정에서 단어, 문법, 발음, 한글로의 번역 및 발성의 복잡성이 있어서는 원어민처럼 듣고 말할 수 없습니다. 표현 방법 및 서술적 능력의 구별 없이 모든 언어 원어민은 자신의 생각이 바로 말로 나옵니다. 특히 원어민과의 회의 과정에서는 바로 듣고 바로 말하고 바로 결정해야 하는데 대화 과정에 단어, 문법, 번역, 발음 및 발성의 고려가 있다면 상대방으로부터 나오는 중요한 내용을 놓칠 수 있으며 또한 자신이 하고 싶은 말도 자신이 없어서 못하게 됩니다. 그러므로 우리도 한국말처럼 영어말을 듣고 바로 말할 수 있는 능력이 되어야 할 것입니다.

생각이 바로 말로 나오는 방법에 있어서 어려운 단어, 숙어 및 전문적 표현 방법을 많이 알고 모름은 중요한 게 아닙니다. 전문적 표현의 능력을 떠나 일단 생각이 자신이 알고 있는 어휘력을 통해 서툴지언정 바로 말로 나와야 합니다. 원어민의 구성에는 어린아이부터 초등학생, 전문지식인 및 교육받지 못한 문맹인도 함께 있기에 표현력의 차이는 자신이 받은 교육, 지식 및 노력의 정도에 따라 다르며 또한 개인에 따라 발전할 수 있습니다.

원어민처럼 대화 능력이 발전하는 과정 속에서 각자 자신의 능력에 따른 단어, 문법, 번역, 발음 및 발성의 문제들을 스스로 해결해야 할 것입니다. 대화에서 단어, 문법의 문제는 기본적으로 중학생 수준만 알고 있으면 될 것이지만 자신이 추가로 필요한 내용은 필요할 때마다 참고 서적을 통해 해결할 수 있을 것입니다. 물론 아주 어려서부터 영어를 접한다면 단어 개념과 영어의 문법적 패턴이 저절로 습관적으로 익숙하게 되지만 대부분 독자 여러분은 이미 성인으로서 한글에 토착화되어 있기에 2개 언어를 구별하여 사용하기 위해서는 기본적 영어 단어와 문법을 미리 알고 있는 것도 도움이 될 것입니다. 또한 이 학습적 지식들을 꾸준한 대화 연습을 통해 다시 기능적이며 습관적인 말소리의 익숙함으로 전환시켜야 할 것입니다. 영어 어순을 이해한 후 꾸준한 대화 연습 후에는 저절로 영어 구성의 패턴에 익숙하게 될 것이며 점차 바로 듣고 바로 이해되는 상태로 발전될 것입니다. 그러므로 앞으로 여러분은 이 책에서 소개하는 골반발성을 통해 꾸준한 연습을 진행하면 영어말을 원어민처럼 듣고 말하는 방법을 습득하게 될 것으로 확신하는 바입니다.

제2장

골반발성
(PELVIS VOCALISM)

 ## 골반발성의 발생

 우리가 영어 언어를 배우려는 궁극적인 목적은 영어권 원어민과의 의사소통일 것입니다. 우리가 어려서부터 성인이 될 때까지 아무리 영어 공부를 많이 해 왔음에도 불구하고 만일 영어권 원어민과 필요한 의사소통을 할 수 없다면 그 동안 어렵게 투자한 많은 시간과 노력은 아무 의미가 없는 것입니다. 전 세계적으로 글을 모르는 문맹인도 많지만 그들 모두 어려움 없이 말을 하며 살아갑니다. 글은 학습적으로 습득하여야 하지만 말은 저절로 배워지기에 글을 습득한다는 것은 말을 배우기보다 어려운 것입니다. 그러나 대부분 영어 교육을 받은 한국인은 똑 같은 내용을 영문의 글로 읽으면 이해할

수 있지만 그것을 그대로 영어 원어민의 음성인 말로 전달하면 이해하지 못합니다. 그에 대해 상대 원어민은 우리가 영어를 글로서는 이해하는데 말로 듣고 이해 못하는 것, 즉 더 어려운 것을 아는데 더 쉬운 것을 못하는 것에 대해 의아하게 생각합니다.

　필자는 약 30년 동안 다양한 지역의 영어 원어민과 함께 근무하면서, 우리 한국인은 원어민과의 대화 또는 회의 과정 중 사용되는 대부분의 단어를 알고 있지만 그들끼리 대화하는 웅얼거리고 뭉그러진 말소리를 아무리 열심히 노력해도 잘 알아들을 수 없는 반면에, 원어민 또는 영어를 사용하는 다른 외국인은 남녀노소를 불구하고 그 말들을 빨리, 늦게 또는 대충 말해도 서로 완전하게 알아듣는 사실에 대해 의구심을 갖게 되었습니다. 또한 실제로 똑 같은 문장을 영어 원어민의 발성으로 말해주면 이해하기 어렵지만 대신 이것을 한국 사람의 음성으로 말해주면 듣고 이해하기가 편합니다. 그밖에도 외국인과의 직장 생활 과정에서 본인의 경험뿐만 아니라 직장 내 영어 원어민과 대화를 매우 잘하는 한국인의 특징을 연구해 본 결과 원어민과의 유창한 대화 능력은 그들이 노력하는 영어 공부의 방법과 양에 따라 좌우되는 것이 아니라, 우연히도 자신도 모르게 원어민의 발성과 비슷한 음성을 갖고 있는 사람들이 그의 역 감각으로 들을 수 있음으로써 저절로 원어민처럼 상당히 숙달된 수준의 대화를 구사하게 된다는 사실을 발견하였습니다.

이에 대해 필자가 연구한 바로는 우리가 한국 사람끼리 영어로 말하면 쉽게 들리는 원인은 서로의 발성이 비슷하기 때문이며 또한 영어 원어민의 음성들을 못 알아듣는 원인은 그들과 한국인의 발성적 음성이 근본적으로 다르기 때문이라는 것입니다. 그러므로 대다수 한국인이 영어 언어를 자유롭게 사용하는 데 어려움을 겪는 가장 큰 원인은 영어 문법, 단어, 발음 및 표현들이 어렵고 복잡해서가 아니라 영어말과 한국말과의 발성 방법이 서로 다르기 때문에, 우리가 영어 원어민의 웅얼거리며 뭉그러진 음성 소리에 익숙하지 않음으로써, 그들의 말속에서 단어를 쉽게 구별하여 들을 수 없기 때문입니다.

이에 대해 필자는 영어 원어민과 가장 비슷한 발성을 내기 위해 오랜 기간에 걸쳐 신체의 각각 부분을 이용한 발성을 시도하고 분석하는 과정에서 우연히도 영어 원어민의 음성이 우리가 골반을 이용하여 가볍게 구토할 때 발생되는 중성적인 울림 음성과 비슷하며 이 방법이 우리가 영어말 발성으로 배우기에 간편함을 발견하였습니다. 그러므로 필자는 이런 발성으로 만들어 지는 영어말 음성에 대해서 영어말과 한국말에 대한 발성적 차이점과 또한 영어말 발성방법을 독자들에게 쉽게 전달하고 이해시키기 위하여 영어말 발성의 세부적 기능들과 이들을 적용시키는 신체 부위의 적합성으로 유사한 '골반발성' 또는 '구토발성'의 이름으로 부르게 되었습니다.

골반발성은 우리가 골반 양옆에 스냅적 쪼임(움츠림) 힘을 주어 가볍게 구토하듯이 중성적 울림소리를 내는 발성으로 한국말의 소리에서는 전혀 사용하지 않는 음성입니다. 골반발성을 사용하여 소리를 내면 그 과정의 호흡 변화 및 하부골반 양옆의 감각적 힘을 이용하여 성대를 통해 나오는 음성의 2중적 전달 및 울림에 대한 차이를 느낄 수 있습니다. 결과적으로 이것들이 영어 원어민의 웅얼거리는 음성과 비슷하게 만들뿐만 아니라 역으로 그들의 소리가 우리에게 정확히 구별되어 들리게 한다는 사실을 필자의 오랜 연구 및 관찰 과정에서 발견하였습니다. 그러므로 현재 주변에서 영어 원어민과 대화를 원어민처럼 잘 하고 있는 한국인은 아마 대부분 원어민 발성과 비슷한 음성을 내고 있으며 또한 그 역의 감각으로 듣는 사람들일 것입니다. 그러므로 결국 이런 발성의 차이점을 모르고 한국말 발성인 성대발성의 목소리만을 고집하는 사람들은 결론적으로 영어 원어민의 소리를 정확히 구별하여 듣고 말하는 데 어려움을 겪을 수밖에 없을 것입니다.

영어를 주 언어로 사용하는 다국적 기업의 직장 내에서 외국인 동료 및 다른 외국기업 직원 및 임원들과의 자유로운 소통을 위한 영어말 구사 능력은 자신의 존재를 위한 기본적 필요조건일 뿐만 아니라 자신의 평가를 위한 도구와 같은 것입니다. 그러기에 본인은 직장 내 많은 영어 원어민과의 업무적 커뮤니케이션을 위한 어려움을 극복하기 위해 꾸준한 노력과 연구를 해왔으며 그에 대한 해결방법으로 영어말 발성방법인 골반발성(구토발성)을 개발하게 된 것입니다. 본인의 골반발성은 오랜 기간 동안 연구하고 개발된 결과물이며 단순히 본인 개인에 대한 연구 결과로 산출된 것이 아닙니다. 실제 관찰 및 분석의 대상자로서 주한미군 내에서 영어를 사용하는 많은 일반 한국인, 특별히 영어말을 원어민처럼 매우 잘 하는 한국인, 미국 내 여러 지역의 군인들 및 민간인들 그리고 한국계 미국 시민권자들의 영어말 음성적 특징들의 결과에 따라 골반발성 방법이 산출된 것이기에 대부분 한국인에게 모두 효과적으로 적용될 것이라 확신합니다.

참고로 이 책의 골반발성은 필자가 연구하고 개발한 영어말 발성 방법일 뿐 영어 원어민도 똑같이 골반발성으로 소리를 낸다고 말하는 것은 아닙니다. 단지 우리가 골반발성으로 소리 냄으로써 역으로 영어 원어민의 음성 소리가 선명하게 들린다는 것과 또한 골반발성의 소리가 그들의 음성소리와 비슷하다는 것이 저의 연구결과로서 정확한 사실입니다. 그러므로 여러분이 골반발성을 활용하여 영어 원어민과 비슷한 음성을 낼 수만 있다면, 역으로 그들의 소리가 우리에게 보다 선명하게 구별되어 들리게 될 것이며 결국 그들의 말이 우리에게 쉽게 인지되어 앞으로 영어 원어민처럼 말하고 듣기의 어려움에서 해방되리라 확신합니다. 또한 결과적으로 우리 한국인도 영어말을 보다 쉽게 배우고 사용 할 수 있게 되기를 기대하며 앞으로 골반발성이 국내 영어 교육을 위한 발성의 새로운 패

러다임으로 변화되는 요인이 될 수 있기를 희망하는 바입니다.

마지막으로, 이 책에서 소개하는 골반발성의 상세 내용이 이미 영어말을 원어민처럼 매우 잘하는 사람들에게는 이 책의 내용과 자신과의 발성 방법이 다르기에 골반발성에 대한 이견이 있을 수 있습니다. 이것은 개인마다 발성의 감각들이 다를 수 있기에 그런 사람들은 자신만의 발성을 사용하여 영어 원어민의 웅얼거리며 뭉그러진 말소리들을 잘 알아들을 수 있기 때문일 것입니다. 하지만 정확한 사실로서 대부분 한국인의 발성으로 소리 내는 음성과 영어 원어민의 음성은 근본적으로 다르며 이 차이점으로 인해 지금까지 대부분의 한국인이 많은 돈과 시간을 투자하여 영어 공부를 하여 왔음에도 불구하고 결국에는 영어 원어민의 웅얼거리며 뭉그러진 말들을 정확히 듣고 이해하는 데 큰 진전이 없었다는 것이며 또한 이것이 대한민국의 현실이라는 것입니다. 그러므로 만일 우리가 앞으로도 계속 한국말 발성(현재 자신의 목소리)만을 고집하며 영어말을 배운다면 결국 앞으로도 현재와 마찬가지로 영어 원어민의 말소리를 쉽게 구별하여 들을 수 없을 것입니다.

이미 소개드렸지만 필자는 영문학을 전공한 사람도 아니고 언어학자도 아닙니다. 그러기에 이 책에서 소개되는 내용이 학문적으로 분석되거나 평가될 필요는 없습니다. 이 책에서 소개하는 골반발성에 관련된 모든 내용은 필자 개인의 연구, 실행, 확인 및 주변에서 영어말을 원어민처럼 매우 잘하는 한국인의 발성과 음성적 특징의 결과들에 의해 만들어졌습니다. 그러므로 필자는 많은 독자들이 한국말과 영어말의 발성과 음성적 차이를 확인하고 또한 영어말 정복을 위해서는 이 책의 골반발성을 참조하여 반드시 선행적으로 각자 영어 원어민의 음성과 비슷한 발성 방법을 스스로 만들어 사용함으로써 역으로 그들의 음성이 정확히 들리게 된다는 사실과 함께 또한 독자 스스로 영어말 공부의 방향을 잡게 한다는 것만으로도 이 책의 의미와 가치가 있을 거라 생각됩니다. 그러므로 필자는 골반발성을 여러분과 함께 공유함으로써 앞으로 대부분의 한국인도 영어권 원어민과의 대화에서 두려움 없이 자신감 있는 언어적 소통이 되리라 기대하며, 앞으로는 우리나라 영어교육에서 영어말하기와 듣기를 위한 발성의 교육적 접근성이 새로이 변화되고 이에 대해 필자가 골반발성의 개발자로서 여러분의 기억에 남기를 기대합니다.

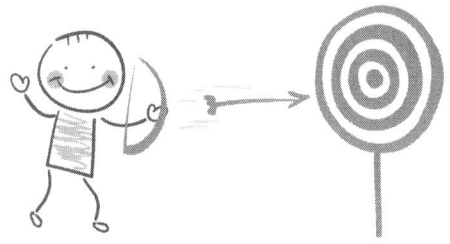

 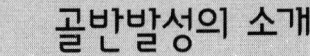

골반발성의 소개

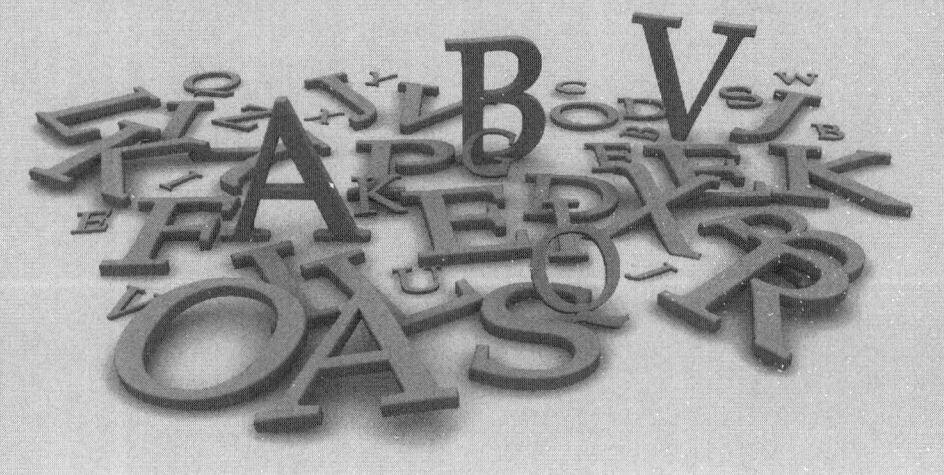

 일반적으로 우리는 어떤 사람의 음성에 대해 목소리가 어떻다고 평가합니다. 또한 우리는 일반적으로 소리를 낼 때 목청과 성대 쪽에 힘을 주어 소리를 만들며 필자는 이것을 한국인의 성대발성이라고 표현합니다. 반면에 영어 원어민의 소리는 상체의 하부로부터 분출되어 울려 나오는 음성과 비슷하기에 필자는 이를 골반발성 또는 구토발성의 소리라고 표현합니다.

발성이란 우리 몸에서 소리를 만드는 방법으로서 신체발성 기관들을 이용한 악기의 연주와 같습니다. 발성의 원리는 폐의 공기를

적절하게 성대, 구강 및 입술을 통해 외부로 분출시키며 소리를 만들지만 발성의 힘을 주는 신체부위 위치와 강도의 감각적 변화에 따라 다른 종류의 음성 소리가 만들어지며, 훌륭한 가수일수록 스스로 다양하고 부드러운 자신만의 발성법을 만들어 활용합니다. 골반발성은 음정을 낮춘 준비 상태에서 골반 양옆에 감각적으로 스냅적 쪼임(움츠림) 힘을 주어 구토할 때 압축되는 듯한 힘을 위로 분출시키듯 전달시키며, 이렇게 전달되는 2차적 힘으로 적절하게 폐의 공기를 구강의 발성기관을 통해 분출시켜 중성적인 울림소리를 만듭니다.

골반발성 음성 즉, 영어말 음성은 기본적으로 한국말에 비해 톤이 낮은 저음 발성입니다. 그러므로 골반발성은 음정을 낮춘 준비 상태에서 골반양쪽(가칭 발성점/판)을 눌러 쪼임(움츠림)으로써 소리를 가볍게 구토하듯이 저음의 중성음을 분출시켜 말해야 하며 갑자기 톤을 높이면 한국발성으로 쉽게 전환됩니다. 센 음과 고음을 만들기 위해서는 더 세게 외침이 아니라 단지 골반 양쪽의 감각적 눌러 쪼임 세기로 조절해야 합니다.

하지만 단순히 골반 양옆에 힘을 준다고 소리가 만들어지지 않습니다. 그러므로 골반발성은 무조건 힘주어 골반을 눌러 쪼이는 것이 아니라 음정을 낮춘 준비 상태에서 골반 양쪽을 감각적이며 스냅적으로 움츠려 눌러 쪼이며 골반 뼈에 약간 진동을 주듯 울림소리를 가볍게 구토하듯이 위로 분출시키는 악기연주와 같은 것입니다. 이때 발생하는 울림소리는 우리가 실제로 아주 가벼운 구토를 할 때 골반 양쪽을 눌러 쪼여 만들어지는 울림소리와 비슷합니다.

　필자 개인적으로 생각할 때 골반발성 음성 소리의 음향적 느낌은 관악기 소리처럼 약간 공명이 포함된 무게 있는 소리인 반면에 한국말 성대발성은 통기타 스트로크 음 소리처럼 상대적으로 퍼지거나 각지거나 또는 부서지는 가벼운 느낌을 나타냅니다. 공기를 이용하는 모든 관악기들이 그러하듯이 분출되는 공기의 전달 없이 단지 골반에 힘만 준다고 소리가 나지는 않을 것이며 또한 단지 센 공기를 불어 넣는다고 원하는 음색의 소리를 만들 수 없을 것입니다.

　결론적으로 영어 말하기는 한국말처럼 직접 성대와 입으로 말하는 것이 아니라 골반 양옆을 감각적이며 스냅적인 눌러 쪼임(움츠림)으로 연주하는 것이라 생각하고 의도적으로 많이 연습하여야 합니다. 나중에 그 연주가 몸에 익숙하게 되면 말할 때 저절로 골반발성이 적용되게 되는 것입니다.

　다시 말하지만 골반발성은 골반 양옆의 위치를 감각적이며 스냅적인 눌러 쪼임 (움츠림)으로써 울림소리를 가볍게 구토하듯이 분출하는 2차적 발성입니다. 한국말은 직접 성대에 힘을 주어 입으로 내뱉거나 또는 외쳐 말하는 1차적 발성인 반면에 영어 원어민의 음성은 골반 양옆을 눌러 쪼이는 1차적 힘을 위로 분출 전달시킴으로써 그 감각적 힘이 폐와 성대를 통해 일종의 공명으로 뭉그러진 소리가 발성되는 2차적 발성과 비슷합니다. 그러므로 영어 원어민의 뭉그러지고 웅얼거리는 분출 음성을 우리가 골반발성을 통하여 비슷하게 소리를 낼 수만 있다면 역으로 우리도 그들의 음성 소리들을 구별할 수 있게 됨으로써 원어민의 소리가 정확히 들리게 될 것입니다. 우리는 지금까지 그런 원어민의 음성을 실제적으로 사용해 보지 않았기에 그들의 소리가 우리에게 쉽게 인지되지 않았던 것입니다.

골반발성으로 2차적 발성 소리를 만들 때 전체 발성 힘의 약 1/2 힘이 골반 양옆의 스냅적이며 감각적인 눌러 쪼임을 이용하여 위로 분출 전달시키며 나머지 1/2의 자연스런 힘을 이용하여 성대, 혀, 입술 등의 구강 발성기관으로 실제 발음을 만들어야 합니다. 그러므로 골반발성은 골반 양쪽 위치(가칭 발성점/판)을 직접 감각적으로 눌러 쪼여 위로 전달시키는 발성으로 신체 하부 저음의 울림 분출 소리라고 말할 수 있습니다. 만일 여러분이 골반발성을 올바르게 실행한다면 골반발성으로 말하거나 들을 때 골반 뼈가 활성화되는 약간의 감각을 느낄 수 있으며 또한 개인마다 다르겠지만 필자의 경우 초기에는 귀와 코 및 머리가 멍해지는 즉, 높은 곳에 올라가 귀가 멍해지는 느낌 등의 신체적 변화를 느낄 수도 있습니다. 또한 골반발성의 연습 중 자신도 모르게 한국말 발성인 성대발성으로 환원되었을 때는 성대에 힘이 가서 약간 답답한 느낌이 나타나며 이때는 다시 골반발성으로 전환시켜야 합니다. 골반발성의 2차적 전달 발성 과정에서 골반 양옆 의 감각적 눌러 쪼임 후 실제 소리는 약간 지연되어 만들어지므로 초기 연습 과정에서는 발성의 감각적 혼란을 느끼지만 꾸준한 연습 후에는 저절로 적응되게 될 것입니다.

골반발성 연습과정에서 우리에게 고착된 한국말 성대발성으로의 전환이 수시로 발생되는 혼란을 겪게 될 것입니다. 그러므로 골반발성 연습과정에서 골반하부 양옆의 눌러 쪼임 위치를 단지 감각적으로 상상만 하는 것이 아니라 실제로 발성무게중심도 아래로 떨어뜨려져 있음을 느껴야 합니다. 또한 연습과정에서 각자 스스로 한국말 음성과 영어 골반발성의 음성 차이를 구별할 수 있어야만, 앞으로 발생되는 두 발성의 혼돈 과정에서 바로 골반발성으로의 전환을 확인할 수 있을 것이며 이 모든 것들은 오로지 꾸준한 연습으로 완성할 수 있을 것입니다.

이처럼 골반발성 연습은 우리가 지금까지 발성에 사용하지 않았던 감각 기관들을 사용하기 때문에 처음에는 매우 불편하게 느끼지만 꾸준한 연습 후에는 자신도 모르게 골반발성에 익숙하게 될 것입니다. 또한 골반발성 연습은 발성기관에 대한 감각적 적응훈련이라 개개인 신체 감각에 따라 달리 적용될 수 있으며 또한 각자 자신만의 감각적 방법으로 발전시킬 수 있습니다.

처음 연습과정에서는 우리에게 고착된 한국말 성대발성 습관뿐만 아니라 영어 자체에 대한 어려움과 머릿속에서의 번역 및 영문법에도 신경이 쓰여 골반발성 발전의 진전이 잘 안 될 것이며 또한 지속적인 골반발성 연습 과정에서도 자신도 모르게 다시 성대발성으로 쉽게 전환되는 시행착오가 번번이 발생됨으로써 스스로 포기하는 분들도 있을 것입니다. 이처럼 골반발성 완성의 과정까지 많은 연습이 필요하겠지만 그러나 지속적인 연습 후에는 결국 골반발성이 활성화됨으로써 영어 원어민과 비슷한 음성 소리가 저절로 만들어질 것이며, 결국 여러분 스스로 영어말 발성의 음성을 득음하는 기쁨을 맛보게 될 뿐만 아니라 또한 역으로 그들의 웅얼거리는 소리가 정확히 구별되어 들리는 기쁨도 얻게 될 것입니다. 또한 이 과정을 통하여 최종적으로는 각 단어가 구별되어 들리며 또한 영어 어순들이 서서히 저절로 습관으로 자리 잡혀 원어민의 말들이 한국말처럼 아무 어려움 없이 듣는 순서 그대로 인지되도록 발전할 것입니다.

하지만 단지 골반발성 방법만 습득한다고 해서 빠른 시간 내에 영어 원어민처럼 영어 말하기 및 듣기 능력의 모든 것이 한 번에 이루어지지는 않을 것입니다. 원어민처럼 영어말을 구사하고 모국어처럼 듣기 위해서는 골반발성과 함께 영어말 어순이 습관화로 자리 잡혀야 되며 또한 실제 원어민의 발성에서 발생되는 단축음, 연음, 단어마다의 스냅적 분리뿐만 아니라 각각 단어 음들이 연결되는 리듬감 및 호흡의 연결 등 세부적인 발성 테크닉을 부수적으로 함께 몸에 정착시키는 과정의 시간이 필요할 것입니다.

　주변에서 영어말을 원어민처럼 유창하게 잘 하는 사람들은 그들의 지적 능력이 특별히 특출난 것이 원인이 아니라 그것은 그들 스스로 자신도 모르게 골반발성과 비슷한 방식으로 발성하고 있음으로써 이미 자신의 발성이 영어 원어민 발성과 비슷해져 있으며, 이에 대한 기본을 바탕으로 각자 자신의 꾸준하고 반복적인 영어 회화 노력 과정에서 점차 영어말 어순의 패턴과 습관적인 어휘력 활용에 습관화로 익숙해져 있기 때문입니다. 그런 사람들이 특별히 어려운 고급 단어와 숙어들 및 표현력을 많이 알고 있는 것도 아니며 또한 그들의 대화에서 그러한 어려운 표현들을 사용하는 것도 아닙니다.

　현재의 글로벌 시대에서 우리 한국의 젊은이들이 국제무대에서 직업을 구하거나 또는 많은 활동을 하기 위해서는 국제적 언어인 영어 말하기와 듣기가 필수적인 요소가 되었습니다. 이에 대해 필자는 본인이 발견하고 개발한 골반발성을 여러분과 함께 공유함으로써 많은 한국의 젊은이들이 영어말을 원어민처럼 듣고 말할 수 있게 되어 그들과의 대화에 대한 거부감 및 두려움에서 자유로워질 뿐만 아니라, 영어권의 많은 나라 현지에서 활동할 수 있게 함으로써 자신들의 진취력을 발휘하는데 보탬이 되기를 소망합니다.

하지만 왜 하필이면 골반을 이용한 발성일까요?

골반발성은 간단하게 상체 최하부 골반 양쪽에 가벼운 감각적 힘을 전달하여 중성적 음성인 구토음을 분출시키는 발성 방법으로 구토발성이라고도 부릅니다. 골반발성의 핵심은 성대 하부에서 중성적 울림 음성인 구토음을 분출시켜 사용하는 것으로서 개인의 감각적 적응에 따라 복부 또는 가슴에서도 분출시킬 수 있습니다.

한국인뿐만 아니라 영어 원어민을 포함한 모든 사람들은 분출시키는 음에 대한 깊이가 각각 다릅니다. 보다 더 깊은 위치에서 분출되는 음성들이 보다 더욱 웅얼거리며 뭉그러진 음성을 만드는 탓에 한국인에게 정확히 듣고 이해하기의 어려움을 줍니다. 반면에 성대와 가까운 위치로 올라와 분출할수록 그 음성은 한국말의 성대발성의 음성과 비슷한 소리를 만듭니다. 이에 대해 국내의 많은 영어말 발성 전문가들이 신체 또는 발성기관의 다른 부분(가령 복부 또는 가슴 부분) 및 독특한 호흡 방법을 이용하여 독창적인 영어 발성 방법들로 가르치고 있으며, 또한 개인마다 적용하는 발성의 감각들이 다르기에 어떤 것이 정확한 방법이라고 말하기는 어렵습니다. 하지만 우리가 영어말 발성을 배우는 데 그 방법이 복잡하거나, 어렵거나 또는 애매하다면 대부분 많은 사람들에게 혼란을 주어 중간에 포기하게 만들 것입니다.

그러므로 필자는 영어말 발성에 대한 습득의 간편성뿐만 아니라 한국인이 가장 듣기 어려운 깊은 곳에서 웅얼거리는 영어말 음성까지도 선명히 구별하여 들을 수 있게 하기 위해 상체의 가장 하부인 골반의 위치를 이용하는 것입니다. 이 방법은 대다수 일반인들에게 체계적으로 설명하거나 적용시키기 위해서도 간편하며 또한 그에 대한 결과면에서도 다른 발성법과 거의 같거나 비슷할 것입니다. 그밖에도 영어말 발성의 습관화 교정 과정에서 고질적으로 발생되는 발성의 상향 이동 즉, 성대발성으로의 환원에 대한 수정을 위해서도 간단하게 우리 신체 상부 가장 하부인 골반의 양쪽을 이용하여 가벼운 구토음을 사용하는 것이 가장 간편하고 능률적임을 발견하였습니다.

  물론 골반은 소리를 만드는 직접적인 발성기관이 아닙니다. 또한 한국말 발성과 비슷하게 영어말을 하는 영어권 사람도 있는 반면에 영어말 발성과 비슷하게 한국말을 하는 예외적인 사람도 있습니다. 그밖에도 많은 사람들이 골반발성과 한국말 성대발성의 중간적 발성으로 영어말을 유창하게 하고 있습니다. 하지만 골반발성 음성은 상체의 가장 밑인 골반의 감각적 힘을 이용하여 깊은 곳에서 분출되어 울려 나오는 중성적 음성 소리이기에 역으로 모든 영어권 음성들에 호환됨으로써 그들의 말소리를 선명하게 들을 수 있으며 매우 간편하게 배울 수 있습니다.

골반발성을 이용하여 꾸준히 연습한 후 각자 스스로 영어말 발성이 최종적으로 정립될 때는 각각 자신만의 감각으로 적용되는 발성의 깊이 위치와 함께 자신만의 영어말 목소리가 확립되어 습관화로 자리잡히게 될 것이며, 개인에 따라 복부 또는 가슴에서 중성적 음성인 구토음을 분출시켜 사용하게 될 수도 있을 것입니다. 다시 말하지만 골반발성(구토발성)의 목적은 원어민의 음성과 비슷하게 소리내는 것도 있지만 가장 중요한 목적은 골반발성의 감각으로 영어 원어민들의 웅얼거리는 소리를 선명하게 듣는 데 있습니다.

영어말 골반발성과 한국말 성대발성의 차이점

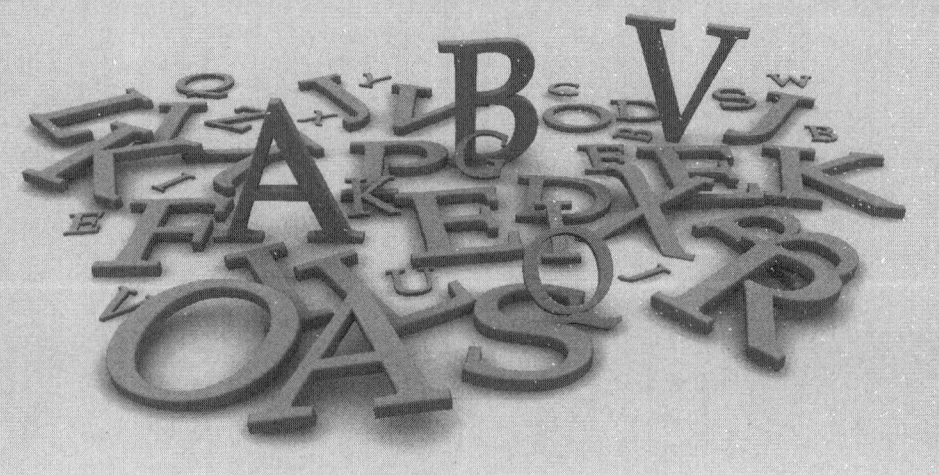

한국말 발성인 성대발성은 직접 성대와 구강의 발성 기관을 통하여 소리를 명확하게 만들지만 영어말 골반 발성은 음정을 낮춘 준비 상태에서 골반 양쪽의 감각 적인 눌러 쪼임 힘을 위로 분출시켜 2차적으로 성대를 통한 울림소리를 만듭니다. 다시 말해 한국말은 가슴, 성대, 목, 혀, 입술, 코 등의 구강 발성기관을 통한 직접 내뱉음 또는 외침의 성대 발성으로 소리를 내는 반면 골반발성은 우리가 가볍게 구토할 때처 럼 신체 하부인 골반 양쪽을 스냅적으로 움츠리는 눌러 쪼임에 의 해 압축되는 느낌의 힘을 위로 분출시켜 (밀어 올려) 성대와 구강 을 통한 2차적 음성을 만드는 소리입니다.

그러므로 영어 원어민 발성과 비슷한 골반발성으로는 한국말의 자음, 탁음 및 파열음과 같은 소리를 한국인처럼 정확히 발음하기가 불가능합니다. 그러기에 불편하더라도 한국말의 자음, 탁음 및 파열음을 골반발성 음성인 웅얼거리고 뭉그러진 음성으로 발성하는 연습을 꾸준히 하여야 하며, 이런 한국말 발성의 어려움 때문에 영어 원어민도 한국말 소리를 낼 때 어눌하게 발음할 수밖에 없는 것입니다. 또한 이에 대한 역작용으로 우리가 골반발성을 연습하는 과정에서 자신도 모르게 한국말의 자음, 탁음 및 파열음들을 정확한 한국말로 소리내기 위해 저절로 다시 한국말 발성인 성대발성으로 전환되는 경우가 빈번히 발생되어 혼동의 과정을 겪게 되겠지만 모든 어려움들은 각자의 꾸준한 노력으로 변화시킬 수 있을 것입니다.

대부분의 한국인은 영어말의 모음과 연음을 원어민처럼 발음하기 어렵다고 말합니다. 하지만 이것은 한국말 발성인 성대발성을 사용하여 영어 모음과 연음을 발성하기에 그런 음성을 소리 낼 수 없는 것입니다. 근본적인 발성의 교정 없이 발음만의 교정으로 영어 원어민 음성소리를 흉내 내려고 하니 이것은 결과적으로 그들의 음성과 비슷하게 소리내기가 어려울 뿐만 아니라 결코 이루어질 수도 없는 것입니다. 그러기에 이제라도 우리의 발성을 원어민발성과 비슷한 골반발성으로 변화시킬 수 있다면 영어 모음 발음 및 각종 연음들도 저절로 원어민과 비슷하게 소리를 낼 수 있으며 이렇게 우리가 이런 소리를 스스로 사용해보고 들을 수 있을 때 역으로 원어민의 웅얼거리며 뭉그러진 소리들이 구별되어 들리게 되는 것입니다.

영어 원어민의 소리는 한국말보다 음정이 약간 낮은 하부 음성입니다. 한국말 음성은 영어말 음성보다 상대적으로 하이피치 음색을 갖고 있는 고음정으로 직접 구강에서 외침 발성인 반면에 영어말 음성과 비슷한 골반발성은 양쪽 골반의 감각적 누름(움츠림) 분출에 의해 발생되는 저음 음정입니다. 그러므로 영어말에서 음정을 높이기 위해서는 골반 양옆의 눌러 쪼임으로 더 압축·분출시켜 성량 및 음정을 크고 세게 만들지만 반면에 한국말은 단지 더 세게 외쳐 발성합니다. 그러므로 이런 발성의 차이점으로 인해 영어 원어민은 감정적인 말을 할 때 각종 몸동작, 제스처 또는 표정 등을 보조적으로 함께 표현하는 반면에 우리 한국인은 목소리를 더 높이는 경향이 있습니다.

여러분은 반드시 두 종류 발성의 차이점을 스스로 구별할 수 있어야 하며 각각의 언어 사용을 위해 선택적으로도 사용할 수 있어야 합니다. 왜냐하면 우리가 한국말을 들을 때 자신도 모르게 성대발성의 감각으로 듣게 될 뿐만 아니라 바로 성대발성 상태로 전환되기에 이때는 골반발성으로의 전환이 필요합니다. 그러므로 앞으로 여러분들이 골반발성을 지속적으로 연습하게 되면 상대방의 말을 한국말처럼 목으로 말하고 귀로 듣는 것이 아니라 골반발성으로 말하고 또한 그 역의 감각 즉 골반으로 품어듣게 될 것입니다.

성대발성과 골반발성의
Interchange

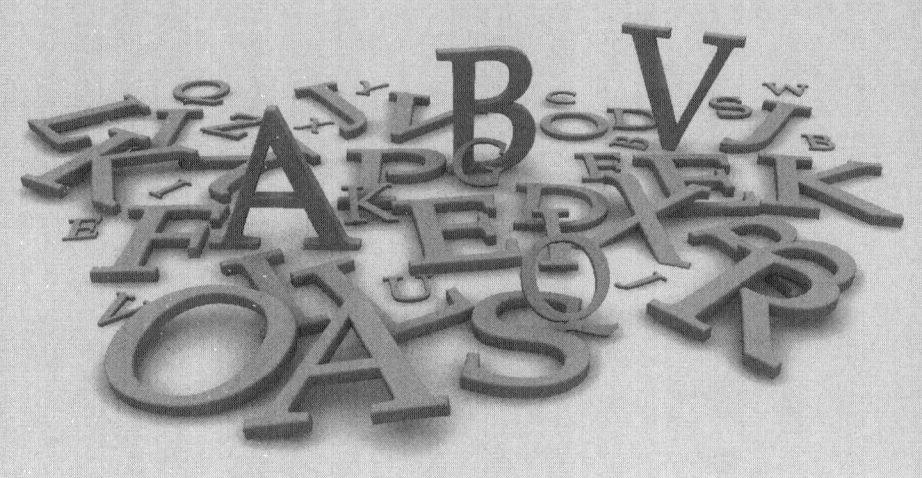

 대부분의 한국인은 외국 사람들에 비해 성격이 급한 '빨리 빨리' 특성 때문인지 모르겠지만, 일반적으로 대부분의 우리는 머릿속의 생각을 빨리 말로 나타내기 위해 머리에서 가장 가까운 성대와 입으로 직접 발성을 하게 습관화되어 있는 것 같습니다. 하지만 영어 원어민의 발성과 비슷한 골반발성을 위해서는 상체 하부의 골반 양쪽을 이용하여 발성을 해야 하는데, 이 과정에서 자신도 모르게 우리에게 고착된 성대발성으로의 환원으로 인해 골반발성을 습관화시키기가 쉽지 않을 것입니다. 그러므로 골반발성 습득의 기본은 어떻게 우리의 발성 기준(가칭 발성점/판) 위치를 신체 상부인 성대 위치가 아닌 하부의 골반 양옆으로 떨어뜨리느냐에 달려있을 것입니다.

골반발성의 완성을 위해서는 우리에게 모국어 습관화로 고착된 성대발성의 시작을 골반발성으로 전환시키기 위한 즉, 상부 성대발성 기준 위치를 하부 골반 양쪽 위치로 떨어뜨리기 위한 자신만의 감각적 변환 능력을 각자 스스로 자신만의 방법으로 개발시켜야 합니다. 단순히 골반발성으로 소리 내려 한다면 자신도 모르게 다시 성대발성으로 환원될 수 있습니다. 그러므로 각자 스스로 성대 발성과 골반발성을 번갈아 사용하는 연습도 필요할 것입니다.

또한 우리가 고유의 한국말 발성과 음성을 함께 유지하여야 하기 때문에 영어말 음성과 한국말 음성을 다르게 소리 내는 이중적 발성을 유지할 필요가 있습니다. 가령 영어말을 할 때는 자신이 평소 말하는 한국말 음의 높이에 비해 반음 또는 한 음을 떨어뜨린 중성적 음성을 하부로부터 분출시켜야 합니다. 이렇게 함으로써 스스로 한국말 음성과 영어 골반발성의 음성 차이를 구별할 수 있으며 또한 앞으로 발생되는 두 발성의 혼돈 과정에서 바로 골반발성으로의 전환을 확인할 수도 있을 것입니다.

이처럼 발성 기준 위치의 감각적 변환 연습이 몸에 습관화 된다면 나중에는 언제라도 자연스럽게 골반발성으로 말을 할 수 있게 될 것입니다. 자신만의 감각적 변환 방법은 개인마다 적용되는 느낌과 영향이 다르기에 이것은 각자 꾸준한 골반발성의 연습과정에서 스스로 발견하여 느끼며 습관화시킬 수 있습니다. 오로지 꾸준한 연습만이 해결의 열쇠일 것입니다.

골반발성 기술적 지도의 필요성

골반발성의 원리 및 방법은 기능적이며 실제로 간단하기에 이론적 설명의 강의는 많이 필요하지 않습니다. 그러므로 독자 여러분은 이 책을 이용하여 골반발성을 연습하며 스스로 자신만의 영어 발성 방법을 개발하여 습관화시킬 수도 있겠지만, 한편으로는 골반발성 방법이 감각적이며 습관적 능력의 개발이기에 전문가의 실기적 지도 도움 없이 단순히 교재와 함께 스스로의 학습적 노력만으로는 짧은 시간 내에 완성시키기가 어려울 수 있습니다. 골반발성을 위한 여러 감각적 힘의 전달과 그에 작용되는 느낌의 설명에 대한 상호교환이 필요할 수 있으며 단지 이 책의 해설로는 불충분할 수도 있기 때문입니다.

 필자가 이 책에서 전달하고자 하는 영어 원어민 발성 및 음성의 음색적 특징과 골반발성의 기능 요소들에 대한 감각적 느낌이 글로서 정확히 표현될 수 없으며 또한 개개인의 발성방법은 각자의 신체감각에 따라 다르게 작용될 수 있기에 단순히 교재로서 표준적인 매뉴얼을 만들기도 어렵습니다. 가령 프로골퍼의 스윙 방법 및 필요 기술들을 초보자에게 교재와 함께 이론적으로 설명해 준다고 해결되는 것이 아닙니다. 또한 성악가 또는 오페라 전문가가 노래하는 특별한 발성과 감각적 리듬을 배우기 위해서는 반드시 전문가의 실기지도와 함께 발성을 배울 수밖에 없는 것과 같습니다. 그러므로 골반발성의 영어말 음성을 실제로 들려주며 함께 연습하고 확인하며 또한 잘못된 부분을 수정시켜줄 확실한 경험자 및 그것을 위한 효과적인 공간(장소)이 필요할 수 있습니다. 우리가 골프를 배울 때 이론이 그렇게 많이 필요하지 않은 것과 또한 스윙연습을 위한 적절한 장소가 필요한 것과 같은 의미입니다.

 그러므로 물론 개인의 특성에 따라 스스로 골반발성을 습득할 수도 있겠지만 가능하다면 숙달자의 도움과 함께 자신의 감각적 능력을 만들어내는 것이 효과적일 것입니다. 골반발성의 습득은 감각적 및 기능적 발성 습관의 전환으로 가령 오른손잡이 성인을 왼손잡이로 변환시키는 과정과도 비슷할 것입니다. 실제로 골반 뼈 부분은 힘도 전달되지 않으며 골반 및 내부 부분도 무감각 신체 부분입니다. 사용하지 않는 신체근육과 감각을 개발시키는 것은 초보자가 골프를 배우는 것처럼 짧은 시간 내에 이루어지지 않습니다. 그러므로 우리가 전혀 사용하지 않던 감각적 골반발성을 몸에 익숙하도록 하는 것도 비슷한 원리와 결과일 것입니다.

골반발성의 습득 과정에서 중요한 점은 여러분 스스로의 지속적인 연습뿐만 아니라 다른 상대에게 골반발성을 시도하며 확인할 수 있는 실습이 필요하다는 것입니다. 그룹 학습 및 연습 과정에서 동료들 서로에게 골반발성을 실제로 사용해 봄으로써 어렵거나 잘못된 점들을 함께 토론하여 해결해 나갈 수 있을 뿐만 아니라 다른 동료들의 성공 경험을 공유함으로써 골반발성 효과에 대한 확신과 함께 각자의 완성과 습관화로 발전시켜 나갈 수 있을 것입니다. 그밖에 개인 독자적 연습 과정에서 나타날 수 있는 많은 시행착오들을 단축시키거나 효과적으로 해결하기 위해서 전문가의 교정을 받을 수 있으며, 혹은 골반발성과 성대발성의 반복되는 혼동 과정 속에서 스스로 포기하는 경우도 방지할 수 있을 것입니다.

스스로의 발성 연습은 각자 홀로 진행할 수 있지만 다른 사람에게 골반발성을 시도해 보는 실습 과정은 주변의 일상 환경에서 시도하기가 어렵고 기회도 없으며 또한 모르는 상대에게 골반발성을 시도하는 것이 멋쩍어 대부분 잘 시도하지 못할 것입니다. 필요하다면 함께 연습하는 과정에서 실제 원어민과 함께 말소리를 비교하며 또한 그들에게 실제로 사용해보는 장소와 시간이 함께 필요할 것입니다.

이에 이 책에서는 단지 골반발성 방법의 기본적 내용만을 소개하고 있지만 독자 여러분들은이 책의 기본 방법만으로도 각자 꾸준히 노력함으로써 스스로 자신에게 맞는 영어 원어민과 비슷한 발성 방법을 습득할 수 있기를 희망합니다. 또한 앞으로 골반발성에 대한 독자 여러분의 다양한 경험들뿐만 아니라 차후에 진행될 오프라인 공동 강의 결과들을 통하여 다음 개정판에서는 보다 효과적인 골반발성의 습관화 정착 방법이 소개될 것임을 기대합니다. 참고로 골반발성 사이트 www.golban.net를 통하여 기타 추가적인 정보도 구할 수 있습니다.

제3장

골반발성 연습

 골반발성 연습 시작하기

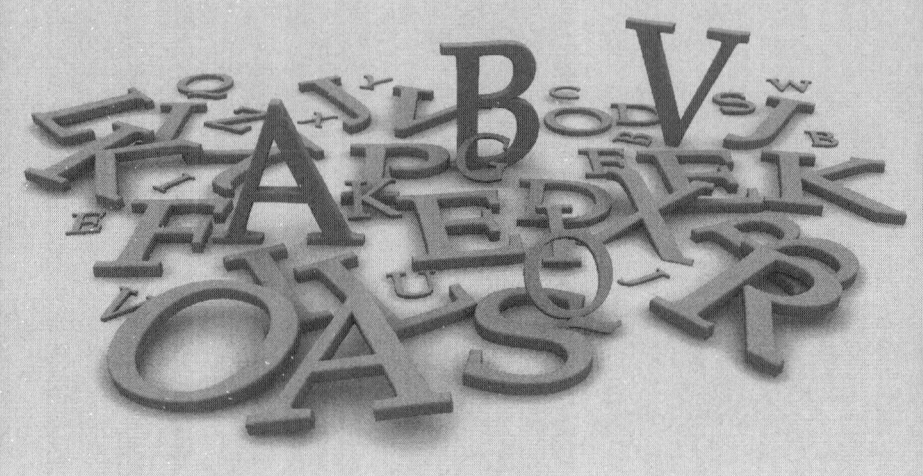

 골반발성 음성은 우리가 골반 양옆을 이용하여 가볍게 구토할 때 발생되는 중성적인 울림 분출 음성으로 한국말 음성에서는 전혀 사용되지 않는 소리입니다. 이런 중성적 울림 음성의 감각적 특징을 한 번도 경험해 보지 못한 여러분께 이 책의 문자로는 설명하기도 어렵습니다. 하지만 만일 여러분이 이 책에서 소개하는 골반발성의 연습 방법을 참조하며 각자 영어 원어민의 대화를 골반발성으로 따라 소리 내어 꾸준히 연습한다면 반드시 여러분 스스로 영어 원어민의 발성 음이 어떤 것인지 확인할 수 있을 것입니다. 또한 이런 음성적 특징으로 인하여 우리 한국인이 왜 지금까지 그들의 웅얼거

리며 뭉그러진 말소리들을 구별하지 못할 수밖에 없었음을 스스로 인정하게 될 것입니다.

초기의 골반발성 연습에서는 골반발성으로 인한 음성적 차이뿐만 아니라 그에 따른 호흡의 미묘한 변화 그리고 하부골반으로부터 성대를 통해 나오는 음성의 2중적 전달에 대한 시간적 지연의 느낌 차이로 인해 우리가 골반발성으로 대화한다는 것이 불가능하게 느껴질 것입니다. 또한 우리 한국말은 정확하고 선명한 발음으로 말을 주고받는데, 어떻게 이런 불명확하고 음폭도 적으며 또한 웅얼거리고 뭉그러진 골반발성(구토발성) 음으로 대화가 가능할 수 있는지에 대해 의구심을 갖게 될 것입니다. 하지만 원어민들의 실생활 대화를 이용한 여러분의 꾸준한 골반발성 연습과 또한 원어민들과의 대화에서 실제 활용을 통하여 이렇게 웅얼거리며 뭉그러진 음성으로 영어말의 대화가 이루어진다는 사실은 스스로 확인할 수 있게 될 것입니다.

골반발성의 연습 처음에는 그렇지 않아도 영어를 잘 못하는데 거기에다 골반발성으로 듣고 말하기에 신경이 쓰여 더욱 안 들릴 것입니다. 이런 이유로 연습 초기에는 많은 혼동 속에서 발전의 느낌을 알 수 없겠지만 이 어려움을 참고 일정기간 동안 꾸준히 연습한다면 결국 서서히 영어 원어민의 소리가 선명하게 들리게 되며 또한 그로 인하여 점점 듣는 대로 이해가 되기 시작하는 변화를 아주 조금씩 느끼게 되는 경험을 하게 될 것입니다.

　영어말 골반발성을 각자 습관화하기 위해서는 때에 따라 한국말도 골반발성으로 말하는 연습이 필요합니다. 평상시 한국말 발성인 성대발성만 사용하기 때문에 골반발성 연습과정에서 성대발성과 계속 혼동이 생겨 골반발성 연습이 다시 성대발성으로 환원되는 슬럼프를 겪게 됩니다. 그러므로 한국말을 할 때도 가끔 골반발성으로 말하는 연습을 하여야 합니다. 이렇게 여러분이 골반발성을 여러 환경 속에서 사용하며 지속적으로 연습한 후에는 영어 원어민의 웅얼거리는 음성이 조금씩 선명하게 들리게 되며 결국 최종적으로는 원어민의 말들을 자유스럽게 듣고 구사할 수 있게 될 것입니다. 가령 일본어와 한국어는 발성방법이 서로 비슷하기에 서로의 말들을 선명하게 들을 수 있으며 또한 일본어 말하기 및 듣기 능력은 한국인이 노력하는 만큼 비례되어 발전하는 것처럼, 앞으로 여러분은 골반발성을 통하여 영어 말하기 및 듣기 능력도 노력에 비례하여 발전하게 될 것입니다.

　그러므로 여러분은 먼저 이 책의 초반부에 소개된 영어말 어순의 특징을 이해한 후 꾸준히 원어민의 대화음성을 듣고 따라 말하며 때에 따라 그 어순을 확인해 보는 과정 속에서 서서히 자신도 모르게 영어말의 어순이 습관적으로 익숙하게 자리 잡히게 되어 그들의 말이 보다 저절로 쉽게 들리며 구사할 수 있게 됩니다.

처음의 연습과정에서는 한국말과 영어말의 서로 다른 어순과 발성의 차이로 인하여 복잡하게 느껴질 것입니다. 하지만 꾸준한 연습 후에는 점차 영어말 어순이 익숙해져 습관화됨으로써 전혀 어순의 고려 없이 모국어처럼 대화내용이 바로 인지되게 되며 말하기 역시 점점 저절로 구성되게 될 것입니다. 참고로 본 3장에서 소개하는 골반발성 실습의 기본 내용은 계속되는 4장의 실제 활용 연습에서도 추가적 연결되어 소개될 것입니다.

 골반발성으로 소리내기

 사람은 누구나 고유의 목소리를 갖고 있습니다. 그러기에 영어 원어민 음성의 특징에 대해 어떠하다고 단정할 수 없지만, 그래도 한국인 음성과 상대적으로 비교할 때 본인이 발견한 원어민의 음성적 특징으로 원어민의 말 소리음은 상체의 하부로 부터 울려서 스냅적으로 분출되는 듯한 중성적 음성의 소리로서 한국말 소리에는 사용되지 않는 음성이며 또한 이 소리는 우리가 가볍게 구토할 때 발생되는 중성적 울림소리와 비슷합니다. 그러므로 골반발성은 일명 구토발성과 같은 의미입니다. 또한 골반발성의 방법을 간단히 표현해야 한다면 '신체 상부의 가장 깊은 위치인 골반 양옆을 감각적으로

눌러쪼이며(움츠리며) 가볍게 구토하듯이 중성적 울림음을 분출시켜 소리 내는 것'이라고 말할 수 있습니다. 이렇게 가벼운 구토행위로서 발생되는 중성적 분출음은 한국말 음성에서는 전혀 사용되지 않습니다. 또한 원어민의 영어말 음성은 기본적으로 한국말에 비해 톤이 낮은 하부 저음 분출음이라 할 수 있으며, 상대적으로 한국말 음성은 분출이 없는 외침이며 또한 영어말 음성보다 하이피치 음색을 갖고 있습니다.

또한 영어 원어민 개인마다 발성할 때 분출시키는 음에 대한 깊이는 각각 다릅니다. 보다 더 깊은 위치에서 분출되는 음성들이 보다 더욱 웅얼거리며 뭉그러진 음성을 만들어 한국인에게 정확히 듣고 이해하기의 어려움을 주며 이 음성들은 특히 흑인들의 발성에서 많이 나타납니다. 반면에 성대와 가까운 위치로 올라와 분출할수록 그 음성들은 한국말의 성대발성의 음성과 비슷한 소리를 만들어 상대적으로 한국인이 듣고 이해하기 편합니다. 이에 대해 필자의 골반발성은 상체의 가장 깊은 곳인 골반위치에서 중성적 울림음을 분출시키는 발성법으로 한국인이 가장 듣기 어려운 영어말 음성들까지 선명하게 구별하여 들을 수 있게 만드는 발성법입니다. 또한 한국말 성대발성으로의 환원을 방지시키기 위해서도 가장 깊은 위치로부터의 발성인 골반발성이 효과적일 것입니다.

그러므로 골반발성 방법은 음정을 낮춘 준비 상태에서 골반 양옆 위치(가칭 발성점/판)에 스냅적이며 감각적인 눌러 쪼임(움츠림)의 힘을 주어 골반 내 압축되는 듯한 힘을 위로 분출시키듯 전달시키며, 이 2차적 힘으로 적절하게 폐의 공기를 구강의 발성기관을 통해 분출시켜 중성적인 울림소리를 만듭니다. 물론 골반 양옆을 단순히 가볍게 눌러쪼인(움츠린)다고 소리가 만들어지지 않습니다. 이 행위에는 호흡 및 발성기관들의 연관 작용에 관련된 여러 감각적 힘들이 복합적으로 작용되어야 하기에 일종의 악기 연주와도 같은 감각적 눌러쪼임(움쯔림) 힘이 적용되어야 합니다. 무조건 세게 분다고 관악기에서 원하는 소리가 나지 않는 것과 같습니다. 그러므로 골반발성은 무조건 힘주어 골반을 눌러 쪼이는 것이 아니라, 음정을 낮춘 준비 상태에서 골반 양쪽을 스냅적으로 눌러 쪼임 (움츠림)의 힘을 주며, 가볍게 구토하듯이 골반 뼈에 약간 진동을 주는 느낌의 울림소리를 위로 분출시키는 악기연주와 같은 것입니다. 그러므로 이때 발생하는 울림소리는 우리가 가벼운 구토를 할 때 만들어지는 중성의 울림소리와 비슷합니다.

우리에게 호흡은 폐에 공기의 흡입과 배출과정으로 이루어지며 발성은 호흡의 배출처럼 상체의 특정 부분에 발성의 감각적 힘을 가한 후 성대와 구강의 발성기관을 통해 소리가 만들어집니다. 또한 대부분의 한국인은 발성할 때 가슴, 성대 또는 그에 가까운 부분에 직접 힘을 주어 1차적인 힘으로 외침의 소리를 만들지만, 골반발성은 먼저 골반양옆 부분을 눌러 쪼여 그 힘을 위로 분출 되게 하는 2차적인 힘을 이용하여 공명적인 울림소리를 만들며 성대 부분에 직접 힘이 들어가서는 안 됩니다. 그러므로 우리의 평상적인 호흡의 배출에서도 골반을 눌러 쪼임으로써 그 분출 힘이 2차적으로 폐로 전달되어 공기가 배출되게 하는 자연스런 호흡 습관을 만들면, 발성할 때도 역시 성대와 가까운 부분에 힘을 주어 소리를 내는 것이 아니라 골반 양옆을 눌러 쪼이는 힘을 2차적으로 성대와 구강으로 전달시키며 소리를 내는 골반발성을 편리하게 만들 수 있습니다.

다시 말해서 골반발성은 영어말을 할 때 직접 성대를 사용하지 않고 단지 골반 양쪽을 가볍게 스냅적으로 눌러 쪼여 그 감각적의 힘을 위로 분출시키는 느낌으로 발성합니다. 실제 소리는 자연스럽게 2차적으로 성대, 구강, 혀 및 입술을 통하여 만들어지게 합니다. 하부골반 양옆에 스냅적 눌러 쪼임 힘이 들어가고 성대에는 거의 힘이 들어가지 않는 느낌으로 발성합니다.

하부 저음 분출음입니다.

- 음정을 낮춘 준비 상태에서 골반하부 양쪽의 스냅적 눌러 쪼임(움츠림)을 이용하여 소리를 가볍게 구토 하듯이 울림소리를 분출하는 2차적 발성으로서 성대에 직접 힘주지 않습니다.

- 골반 양옆에 외부 힘을 주는 것이 아니라 골반 양옆 스스로의 눌러 쪼임 힘이 들어가야 합니다. 외부 힘을 주면 말하거나 듣는 데 시간차를 발생시켜 인지 지연 및 혼란을 야기할 뿐만 아니라 성대발성으로 환원시키는 요인이 될 수 있습니다.

- 골반 양옆에 감각적이며 스냅적인 눌러 쪼임의 힘을 가하지 않고 (단지 가상적 느낌만 주고) 발성하면 저절로 성대에 힘이 들어가 성대발성으로 전환됨을 주의해야 합니다.

- 한 문장 전체에서 각각 단어마다 골반을 가볍게 스냅적 연속으로 눌러 쪼임으로 분리시켜 말하거나 들을 수 있어야 합니다. 하지만 최종 완성 단계에서는 스냅적으로 힘을 주지 않더라도 무의식적으로 각 단어가 분리되게 말하거나 듣게 될 것입니다.

- 각각의 단어마다 가능한 단음절로 축약시켜 말하며 또한 각각 단어들의 초성에 대해 가벼운 스냅적 강세음으로 분리시켜야 합니다. 그래야 문장 전체에서 단어가 구별됩니다.

- 골반발성의 완성단계에서는 문장전체에 대해 한번에 머금어 눌러 쪼이는 압축·분출 발성을 하게 되며 이 과정에서 단어마다 단음절들로 분리되는 스냅적 연속발성을 하게 되며 전체적으로는 빠른 스피드의 연결로 이루어져야 합니다.

- 필요에 따라 한국말도 개개의 단어 음절들을 분리시켜 스냅적 분출로 말하는 연습이 필요합니다.

영어말은 톤이 낮은 저음 발성이며 한국말은 상대적으로 고음발성입니다.

- 음정을 낮춘 준비 상태에서 하부 골반 양쪽을 눌러 쪼임으로써 저음의 중성음으로 말해야 합니다. 톤을 높이면 한국말 성대발성으로 전환되곤 합니다.
- 자신이 평소 말하는 한국말 음의 높이에 비해 반음 또는 한 음을 떨어뜨린 중성적 음성을 하부로부터 분출시킵니다.
- 단순히 목소리를 아래로 깔고 저음으로 말하는 것이 아니라 음정의 상태를 완전히 낮추어 골반 양쪽으로 발성의 힘이 전달되어야 합니다.
- 더 세게 외침이 아니라 단지 눌러 쪼임의 세기로 높은 음과 낮은 음을 만듭니다. 숙달될수록 보다 작은 소리도 낼 수 있게 됩니다.

계속해서 다음의 내용을 유의하며 골반발성으로 말하기 연습을 진행합니다.

- 문장의 내용에 따라 각각 단어들의 강약, 스피드 및 스냅적 리듬에 맞추어 연속적으로 눌러 쪼임 해야 합니다.
- 빠른 말, 단축음 및 연결음을 골반발성으로 말할 때 처음에는 발성이 자연스럽게 이어지지 못하지만 꾸준히 연습하면 차차 자연

스럽게 적용될 것입니다.

- 일반적으로 자음, 파열음 및 탁음들은 바로 혀와 입술을 이용하여 소리가 만들어지므로, 말 속에서 이런 소리로 시작될 때 자신도 모르게 저절로 한국말 성대발성으로 전환됨을 항상 유의해야 합니다.
- 갑자기 음정을 높이거나 외칠 때 자신도 모르게 한국말처럼 직접 성대에 힘이 가서 한국말 성대발성으로 전환됨을 유의합니다. 음정의 고저는 눌러 쪼임의 세기로 조절하여 발성할 수 있습니다.
- 최종적으로는 골반 부분을 힘 뺀 상태로 분리시켜 자유자재로 눌러 쪼임 및 발성을 분출시킬 수 있어야 합니다.
- 평상시 호흡의 배출도 골반을 눌러 쪼여 배출하는 연습을 하여야 합니다.
- 우리에게 고착된 성대발성의 습관을 바꾼다는 것은 하루아침에 이루어질 수 없으며 많은 노력 후에 습관으로 자리 잡히게 될 것입니다.

 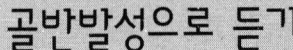

골반발성으로 듣기

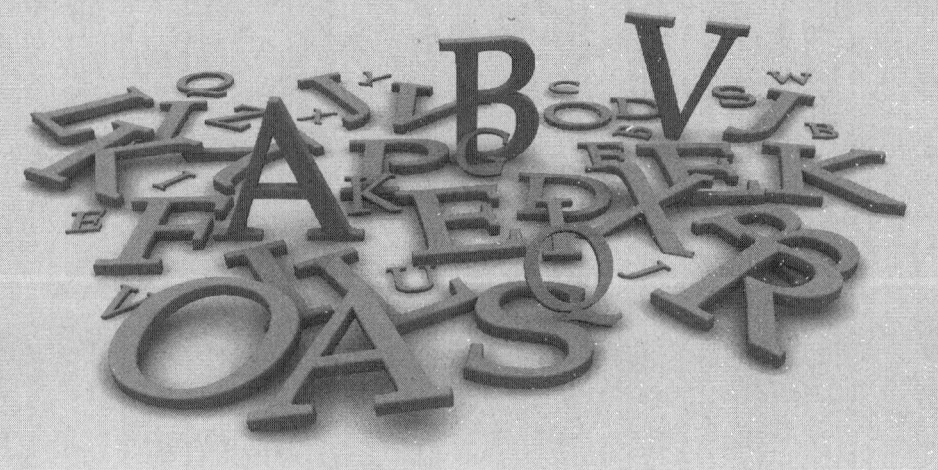

 여러분이 골반발성을 배우고 그 발성에 익숙해야 하는 가장 큰 이유는 영어 원어민의 말소리를 골반발성의 역 감각으로 들어야 하기 때문입니다. 필자는 이렇게 듣기 위한 감각적 적용을 '골반발성의 느낌으로 품어 들어라'라고 표현합니다. 만일 여러분이 영어 원어민의 말소리를 단지 귀로 듣기에만 집중한다면 이것은 한국말 발성인 성대발성의 감각적 적용이기에 그들 원어민의 웅얼거리며 뭉그러진 소리들을 구별하여 듣기가 어려울 것입니다. 하지만 자신이 골반발성으로 원어민과 비슷한 음성의 소리를 내는 데 익숙하고 또한 역으로 들을 때 골반발성의 느낌으로 품어 듣는다면 그들의 말들이 구

별되어 들릴 것입니다.

  한국말은 직접 성대와 입으로 말하고 귀로 듣지만 영어말은 골반발성으로 말하고 그 역의 감각으로 품어 들어야 합니다. 그러므로 원어민의 대화를 들을 때 골반발성의 말하기 느낌 상태로 준비하면 자동으로 역 감각으로 들리게 됩니다. 다음의 내용을 유의하며 골반발성의 역 감각으로 듣기 연습을 진행합니다.

- 상대방의 소리는 자신의 발성방법으로 들립니다. 그러므로 영어 원어민의 소리를 알아듣기 위해서는 빨리 골반발성의 감각적 상태로 만들어야 합니다. 꾸준한 연습과정에서 점점 변화됨을 느낄 것입니다.
- 단순히 한국말 하는 느낌으로 무작정 원어민 소리를 들으면 자신도 모르게 한국말 성대발성으로 듣는 형태가 되어 원어민 음성의 단어가 구별되어 들리지 않고 단지 웅얼거리는 소리로 들립니다. 골반발성 말하기의 역 감각으로 들어야 합니다.
- 초반부에서 설명한 것처럼 문장으로 듣는 것이 아니라 단어마다 순서 그대로 발성과 음성 소리에 집중하여 들어야 합니다.
- 절대로 스펠링 및 의미를 고려하지 않고 단지 단어 발성에만 집중하여 단어 음절들을 분리시켜 들어야 합니다.
- 각 단어의 스냅적 분리된 첫 음절에 집중해야 합니다.
- 각 단어의 음절들을 각각 축약된 음절로서 말하거나 들어야 합니다.

 ## 골반발성 연습의 진전

 처음의 골반발성 연습과정에서 원어민의 말소리가 대부분 명확히 안 들리는 것은 당연한 상태입니다. 그냥 들리는 만큼만 들으면서 꾸준히 반복 연습을 하십시오. 계속 듣고 골반발성으로 따라 말하며 필요시 영어의 어순을 확인한다면 점점 더 많은 단어가 자세히 들리게 될 것입니다.

사실 한국말과 영어말은 문장의 구조인 어순이 다르며 우리는 한국말 어순에 습관화 되어있기에 영어말을 들을 때 자신도 모르게 한국말 어순 형태로 변환시켜 번역함으로써 대화의 내용을 이해하

는 데 어려움을 겪습니다. 가령 한국말은 조사들을 이용한 어휘 활용의 다양성으로 인해 대화의 내용을 끝까지 듣고 나서야 확실한 결론을 알 수 있는 경우가 많지만, 미국말은 대부분 먼저 주어와 동사로서 기본적 행동을 전제시킨 후 뒤로 계속하여 부수적 설명들이 첨부됩니다. 그러므로 우리는 반드시 먼저 이 책의 초반부에 소개된 영어말의 어순적 특징을 이해한 후 영어 원어민의 대화 음성을 듣고 골반발성으로 소리 내어 따라 말하는 연습을 꾸준히 하여야 합니다. 지속적인 연습을 통하여 자신도 모르게 서서히 영어말 어순이 습관적으로 익숙하게 되어 결국에는 영어말을 바로 들으면서 이해가 되는 직청직해의 느낌과 함께 쉽게 영어말을 구사하는 결과를 얻게 될 것입니다.

다시 말하지만 학습적으로 분석되어 뇌에 암기된 것은 우리가 말을 할 때 역으로 다시 머릿속에서 문장을 분석 또는 구성하게 하는 복잡성을 야기함으로써 영어말을 유창하게 할 수 없게 만들지만, 만일 문장의 구성 및 어순의 형태가 음성적 소리의 이해와 함께 반복적 연습으로 뇌에 습관화 된 것들은 우리가 말을 할 때 바로 순간적으로 반응되어 모국어처럼 적용되게 합니다.

그러므로 원어민의 실생활 대화를 이용한 골반발성의 꾸준한 노력 후에는 최종적으로 골반발성과 영어 어순의 형식이 무의식적으로 자리 잡혀 골반발성에 대한 기능적 요소들의 고려 없이 그대로 원어민 말속의 단어가 구별되어 들리며 내용이 인지되게 됩니다. 결국 원어민 영어말의 웅얼거리며 뭉그러진 소리가 구별되어 들리게 되며 우리말처럼 자연스럽게 인지되기 시작할 것입니다. 또한 저절로 각각의 단어를 들으면서 어순의 고려에 상관없이 저절로 문장의 내용이 연결되어 인지되는 기쁨의 과정도 겪게 됩니다.

즉, 말을 할 때나 들을 때 단어들의 번역 및 문장 구성의 의미가 없어지게 될 것입니다. 말을 듣고 나서의 인지가 아니라 듣는 동시에 의미가 인지될 것입니다. 그러므로 최종적으로는 머릿속에서 문장을 재구성 할 필요가 없이 결국 단어 하나하나 바로 들리는 순간에 저절로 연결되어 말의 전체적 내용이 자동으로 인지되는 모국어처럼 받아들이게 되는 것입니다. 그러므로 예전과 명확히 다른 점으로 골반발성을 사용하기 전에는 아무리 영어 말하기 및 듣기에 노력을 많이 해도 발전이 없었지만 골반발성으로 계속 영어 말하기 및 듣기 연습 진행하면 앞으로 각자 스스로의 노력에 비례하여 자신의 실력들이 꾸준히 향상될 것입니다.

이러한 점차적인 발전의 과정들은 각자의 지속적이며 꾸준한 연습을 통해서 서서히 진행되겠지만 중간마다 여러분 스스로 영어 원어민 방송을 청취하면서 자신의 듣기능력 발전을 평가하여 확인할 수도 있을 것입니다. 물론 영어 원어민 사회의 많은 실생활 용어들은 우리가 학교에서 배우지 않았거나 또는 우리 한국인이 접해보지 못한 용어와 표현들이기에 그들의 말에 대한 완전한 이해에는 한계가 있을 수 있겠지만 전체적인 내용의 이해에는 문제가 없을 것입니다. 그러므로 앞으로 여러분의 영어 말하기 및 듣기 능력의 모든 발전과 그에 대한 결과는 여러분 각자의 노력에 비례할 것입니다.

자신도 모르게 성대발성으로 전환되는 경우

　　　　　골반발성을 연습하면서 가장 어려운 점은 연습과
　　　　정에서 자신도 모르게 다시 한국말 성대발성으로 환
　　　　원되어 혼란을 겪게 된다는 점이며 이런 반복적인
　　　　현상으로 인해 많은 사람들이 중간에 포기한다는 것
입니다. 또한 우리가 골반발성을 연습하는 과정에서 한국말을 할
때는 저절로 성대발성으로 환원되므로 지금까지의 골반발성에 대
한 노력이 허사가 되는 좌절을 겪곤 합니다. 하지만 이것은 습관의
문제이기에 꾸준히 연습만 한다면 성대발성과 골반발성을 자연스
럽게 분리시켜 사용하게 될 수 있을 것입니다. 그러므로 다음의 상
황에서는 자신도 모르게 성대발성의 감각으로 전환됨을 미리 예측

한다면 많은 시행착오를 줄일 수 있을 것입니다.

- 초기 연습과정에서는 습관화된 상부 성대발성을 하부 골반 양옆으로 이동시키는 단계적 과정으로 인해 단지 세게 누르는 힘만 작용되어 성대발성으로 환원됨을 유의해야 합니다.
- 골반양쪽 부분에 누름 쪼임(움츠림)의 감각적 힘이 없이 발성할 때 자신도 모르게 성대발성으로 환원됨을 유의해야 합니다. 실제적 스냅적 감각의 힘으로 눌러 쪼여야 합니다.
- 한국말로 대화할 때 또는 소리의 톤을 높일 때.
- 운동 후 또는 긴장으로 폐가 활성화됨으로써 호흡과 심장의 변화가 활발해질 때.
- 갑자기 주변 갑자기 환경이 바뀌었을 때.
- 일반적으로 자음, 파열음 및 탁음은 바로 혀와 입술을 이용하여 소리가 만들어지므로 말 속에서 이런 소리로 시작될 때 자신도 모르게 저절로 한국말 성대발성으로 전환됨을 항상 유의해야 합니다.
- 갑자기 음정을 높이거나 외칠 때 자신도 모르게 한국말처럼 직접 성대에 힘이 가서 한국말 성대발성으로 전환됨을 유의합니다. 음정의 고저는 눌러 쪼임의 세기로 조절하여 발성할 수 있습니다.

골반발성의 혼동 과정과 이를 극복하는 제2 모국어화

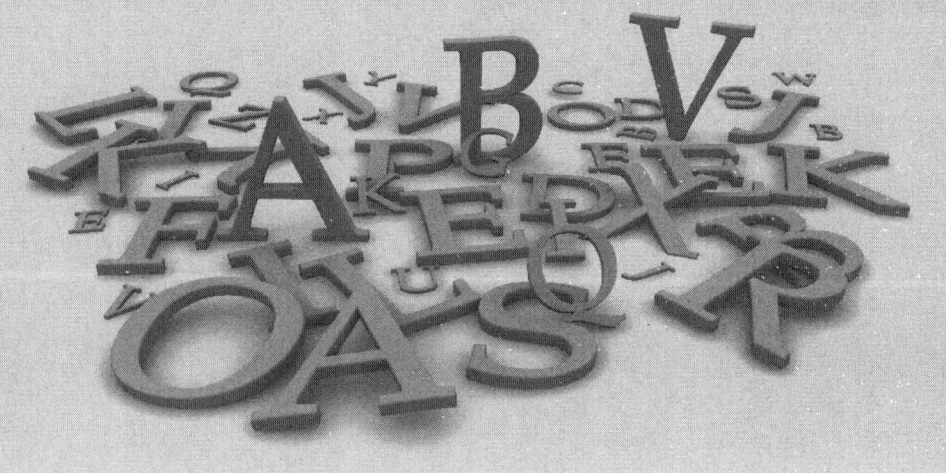

골반발성 연습 과정에서 골반 뼈 및 골반의 내부에는 신체적 감각이 없기에 실제로 눌러 쪼임의 힘 전달과 감각을 느끼는 데 어느 정도의 시간이 걸릴 것이며, 또한 우리가 사용해보지 않은 발성기관 위치들의 감각적 변화로 인해 처음에는 복잡하고 어렵게 느껴질 것입니다.

골반발성으로의 전환은 지금까지 우리 몸에 습관화된 한국말 발성, 즉 가슴, 성대 및 구강에 직접 감각적 힘을 주어 이용하는 발성 습관을 이제는 상체 하단부인 골반 양옆 부분으로 이동시켜 발성하는 것입니다. 이것은 각자 스스로 발성기관들의 습관을 변화시키는 것으로 이에 대한 감각적 느낌과 결과들을 수치적, 공식적 또는 기계적으로 정확하게 설명할 수는 없습니다. 또한 받아들이는 여러분 개개인의 감각과 느낌에 대한 차이 때문에 각자 이해하는 방법도 개인마다 다를 것입니다.

또한 지금까지 발성기관에 직접 힘을 주어 말을 하던 한국말 성대발성의 감각적 습관들에 대해 이제는 골반 양옆을 감각적으로 눌러 쪼이는 2단계 전달 과정으로 인하여 말을 하고 또한 역으로 듣는 즉 말들이 골반을 통하여 전달되는 과정이 매우 복잡하게 느껴질 것입니다. 즉 영어말들에 대한 인지과정이 신체의 골반 → 뇌의 감각전달 단계 과정으로 지연됨으로써 처음에는 많은 혼동을 느끼게 될 것입니다. 처음 연습과정에서는 골반 양옆의 눌러 쪼임도 바로 되지도 않고 또한 이미 습관 된 성대외침을 하부로 이동시키려고 노력함으로써 단지 아래로 누르는 발성만 되며 결국 다시 말 소리는 성대와 구강을 직접 이용하는 한국말 성대발성으로 환원되는 혼동을 겪곤 할 것입니다.

처음의 연습 과정은 쉽지도 않을 뿐만 아니라 실력의 향상이 아주 조금씩 천천히 진행되어 본인이 느끼지도 못할 것입니다. 또한 영어말에 대한 인지가 이미 학교에서 배워 우리 뇌에 고착된 영문법, 단어 스펠링 및 한글로의 번역 습관들로 인해 머릿속에서 서로 혼동되어 영어말의 이해가 불가능한 처럼 느끼겠지만, 점차 지속적인 연습 과정에서 결국 영어 단어들의 어순, 구성 및 표현 패턴 형식들이 자연스럽게 습관으로 자리 잡혀 영어 말하기 및 듣기가 점점 편해질 것입니다.

처음에는 원어민의 긴 말을 그대로 따라 말하는 것조차 불가능처럼 느끼겠지만 꾸준한 연습 후에는 더 빠른 단축음으로 스스로 정확하게 중얼거리며 따라 말할 수 있게 될 것입니다. 어느 정도의 훈련 과정 후 골반발성이 조금 익숙해진 후에도, 가끔 어느 순간에는 골반발성으로 변화된 영어 말하기와 듣기에 대한 발전의 희열을 느끼다가, 때로는 자신도 모르게 다시 한국말 성대발성으로 환원됨으로써 슬럼프에 빠지게 되는 상황이 오랜 기간 반복될 것입니다. 그때마다 여러분은 성대발성을 골반발성으로 계속 전환시켜야 합니다. 이처럼 골반발성 연습 과정 속에서 지속적인 혼란의 슬럼프 과정들이 발생할 수 있기 때문에 영어의 필요성이 실제로 절박하지 않은 많은 사람들은 중간에 포기하게 될 수도 있을 것입니다.

하지만 꾸준히 연습을 지속한다면 결국 여러분은 각각 영어말의 단어를 듣는 순간 동시에 머릿속에서 직접 영어로 인지되는 확신을 느끼기 시작할 것입니다. 이 상태는 들은 후 인지가 아니라 한국말처럼 듣고 바로 인지되기 시작하는 상태로 말들이 구별되어 정확히 들리기 시작하는 상태일 것입니다. 말하거나 들리는 단어들의 의미, 알파벳, 문법 및 문장 구성들이 별도로 구별되어 인지되지 않고 그대로 단순한 언어로 바로 인지되기 시작하는 것입니다. 긴 문장들도 전체적으로 이해되지 않을 것 같지만 꾸준한 연습 과정에서 신기하게도 저절로 이해가 되어 한국말 모국어처럼 영어를 하는 것의 확신이 느껴지게 될 것입니다. 하지만 이처럼 잘 되는 듯 하다가 자신도 모르게 다시 머릿속의 번역과정과 자동인지가 순간적으로 환원되는 혼란과정도 반복되어 생길 것입니다.

이처럼 2개의 언어 습득에 대한 각종 혼란들은 골반발성 연습과정에서 나타나는 자연스런 현상이며 이런 문제점들을 미리 예측함으로써 연습을 포기하지 않고 꾸준히 계속 연습한다면 결국 최후에는 골반 양옆을 감각적으로 간단하게 눌러 쪼여 말하고 골반을 통하여 인지되는 영어말 발성의 감각적 변화를 갖게 될 것입니다. 그러므로 만일 여러분이 원어민처럼 영어 말하기와 듣기의 능력 향상을 절실히 필요로만 한다면, 골반발성은 단지 발성 감각의 변화 및 습관에 대한 기능적 문제이기에, 여러분 스스로 모든 어려움들을 극복하게 될 것이며 또한 각자 모두 골반발성을 통하여 스스로 자신만의 발성 방법들을 개발하고 습득하게 될 것이라 확신합니다.

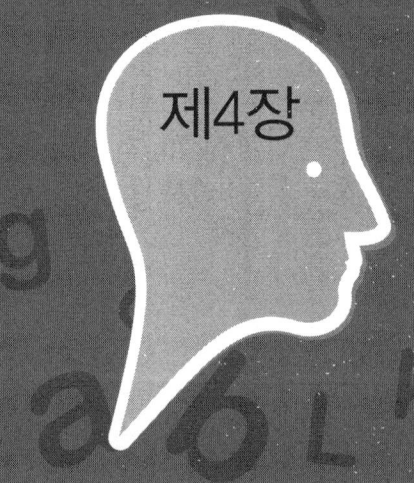

제4장

영어말 듣기 및 말하기 실전 연습 도움 가이드

영어 드라마 또는 영화 대사 등과 같은 원어민의 대화를 골반발성으로 따라 말하며 연습할 때 처음에는 우리에게 고착된 한국말 발성과의 혼동, 어순과 문장 구조의 변화 및 대화중 단어들의 번역 등의 모든 과정이 머릿속에서 혼동되어 영어 원어민의 빠른 대화 말의 이해가 불가능한 것처럼 느껴질 것입니다. 하지만 다음의 요소들을 고려하며 지속적으로 연습한다면 결국 골반발성의 방법은 기능적 습관의 개발이기에 점차적으로 모든 요소들이 함께 습관화되어 모국어화의 효과를 낼 수 있을 것입니다. 오로지 꾸준한 연습으로만 자신의 습관으로 만들 수 있습니다. 참고로 다음에 소개되는 도움 가이드 내용은 각 개인의 감각적 특성이나 기존의 영어말 능력에 따라 달리 적용되거나 적용되지 않을 수 있음을 유의하시기 바랍니다.

대화 중 나올 말을 미리 대기하세요

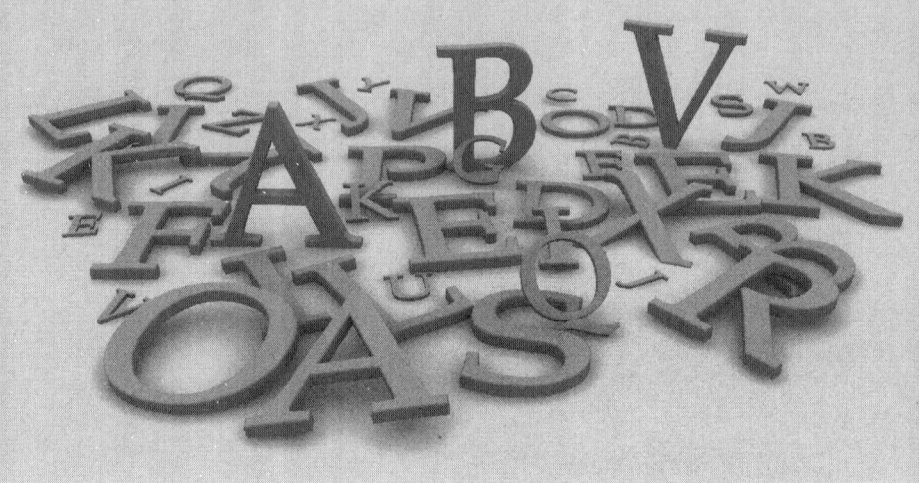

 모국어를 사용하는 사람들 또는 외국어 숙련자들은 대화 중 단어들의 번역·해석 과정 없이 바로 대화 내용이 인지됩니다. 하지만 영어 원어민의 음성, 영어말의 어순적 습관 및 영어회화에 숙달되지 않은 사람으로서 원어민의 실생활 드라마 대화로 연습을 시작한다면 그들 말의 빠른 속도와 영어 어순 및 웅얼거리는 음성들의 혼동으로 상대방의 말들을 이해할 시간도 없어 대화 내용을 인지할 수 없습니다. 그러므로 처음 연습의 오랜 기간 동안은 원어민의 대화를 들을 때 미리 앞으로 나올 말들을 빨리 캐치하여 받아들일 대기 준비 상태로 만듦으로써 그나마 원어민의 소리를 조

금 알아들을 수 있는 효과를 얻을 수 있습니다. 하지만 꾸준한 연습 후에는 점점 들으면서 바로 인지되는 일반적인 상태로 서서히 변화될 것입니다.

- 초보자들은 앞으로 나올 말에 준비하는 미리 대기상태로 준비함으로써 말이 나오자마자 각 단어들의 첫 음절들을 순간적으로 인지하는 연습을 해야 합니다. 원어민의 실생활 대화에서는 각각의 단어가 한 음절의 단축음으로 매우 급박하게 연결되어 진행되는 것으로 느껴집니다.
- 미리 대기상태의 훈련은 인지 습관의 변화 과정입니다. 처음의 연습과정에서 때로는 약간 되는 듯하다가 자신도 모르게 스스로 대화 내용을 보다 완벽하게 이해하기 위해 지난 단어에 집중하게 되어 앞쪽의 리드 감각을 잊게 되며 반복적으로 혼동의 슬럼프에 빠지는 많은 경험을 하게 될 것입니다. 하지만 이런 문제점을 미리 알고 다시 앞쪽 리드감각으로 듣기 훈련을 계속함으로써 자신의 습관으로 적용되게 만들어야 할 것입니다.
- 대화 과정에서 말을 듣고 난 후 이해하려 하면 지난 말들의 기억과 앞으로 나오는 말들의 의미가 섞여 혼동됩니다. 우리에게 한국말은 모국어이기에 듣고 나서 인지해도 되지만 초보자로서 영어 원어민의 대화 소리를 듣고 나서 해석하여 인지하는 것은 대화 중간에 더욱 복잡하게 됩니다. 그냥 먼저 듣는 것에 노력하십시오.

- 처음에는 한 두 단어만 인지되겠지만 계속되는 연습 과정에서 인지되는 단어 개수가 증가될 것입니다.
- 점차 각각의 단어들에 집중하여 자세하게 앞쪽 리드로 듣게 될 것이며 오랜 연습 후에는 결국 단어를 듣는 순간에 인지가 시작될 것입니다. 듣기가 완벽해야 하는 이유는 전화번호에서 1~2 문자를 놓쳐도 전화 걸 수 없기 때문입니다.

지나간 단어들에 얽매이지 마세요

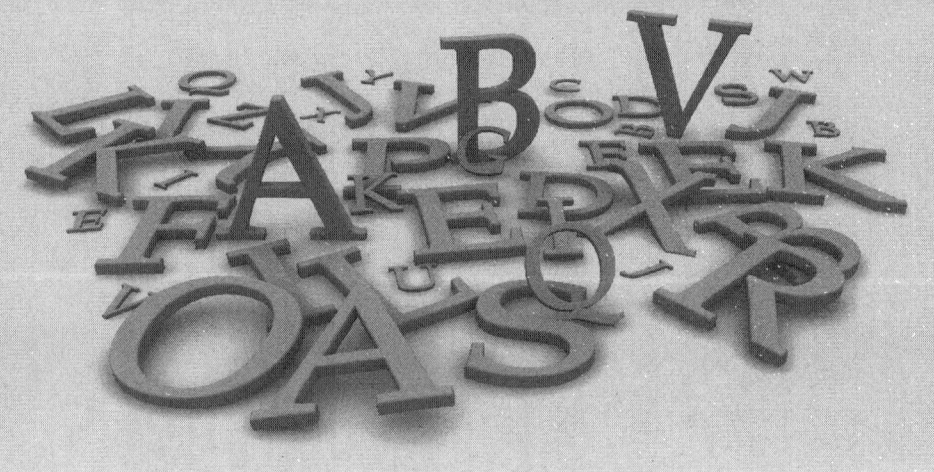

초기의 연습과정에서 완전히 또는 자세히 들을 수 없다고 실망할 필요가 없습니다. 중요 단어들만 들려도 된다는 생각으로 편하게 진행합니다. 실제로 대화의 중요단어 몇 개만 캐치해도 내용의 이해가 가능할 수도 있습니다. 하지만 최종 목표는 모든 단어를 명확히 구별하여 다 들을 수 있어야 할 것입니다.

- 대화 중 지난 단어를 이해하지 못하는 것이나 앞으로 나올 단어를 이해하지 못하는 것이나 이해의 혼동에 대한 결과는 같습니

다. 하지만 대화 중에 지난 단어를 생각하면 머리가 더 혼동되어 앞으로 나올 단어들도 놓치게 됩니다.

- 초보자는 자신도 모르게 대화 중간에 다시 지난 문장을 생각하게 됩니다. 하지만 앞으로 나올 내용을 중점으로 들어야 합니다. 지난 것에 집착하면 전체 내용이 무너지지만 앞의 것을 계속 듣는다면 전체적 의미의 윤곽은 계속 남게 됩니다.

- 대화 중 번역하는 습관을 없앰으로써 현재 말하는 단어들의 집중에 충실해야 합니다. 대부분 스스로 머릿속에서 문장을 새로이 구성하면서 무의식적으로 번역하려 하기에 이것이 혼란을 일으키며 이로 인해 시간이 부족해 다음 말을 이해하지 못하게 됩니다.

- 너무 집중해도 안 됩니다. 거기에 신경이 쓰여 이해과정에 영향을 주며 해석 과정이 자동으로 발생됩니다. 그렇다고 전혀 집중을 하지 않는다면 가사의 내용에 대한 이해 없이 그냥 노래 음만 듣는 것과 같기에 대화의 내용을 이해할 수 없을 것입니다.

03) 문장 내 각각의 단어들에 대해 스냅적 분리로 말하거나 들어야 합니다

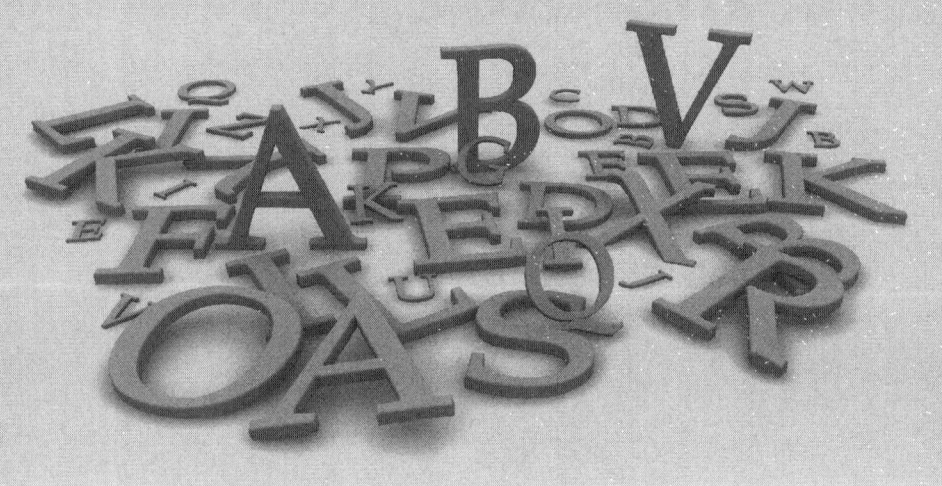

각각의 영어 단어들은 1~10개 또는 그 이상의 알파벳 문자들로 구성되어 있습니다. 그러므로 대화 속에서 연결된 단어가 정확히 구별 및 분리되어 들리거나 그렇게 말하지 않는다면 상대방은 문장 전체를 한 개의 단어로 받아들이거나 또는 여러 단어가 서로 연결된 것처럼 들려 혼동될 수 있습니다. 미국말이 연결된 것처럼 "쏼라쏼라"로 들리지만 사실은 단어마다 스냅적으로 분리되어 "쏼^_라^_쏼^_라^"로 빠르게 연결되어 발성되는 것입니다. 그러므로 문장의 각각 단어를 정확히 구별시키기 위해서는 각각 단어마다 스냅적 분리를 주며 각 단어의 첫 음에 강세를 주거나 또는 그렇게 집중하여 들어야 합니다. 문장 전체에서 각각의 단어가 스냅적 분리로 구별되지만 전체적으로는 빠르게 연결된 것처럼 말하는 것이며 또한 그렇게 들리는 것입니다.

- 처음에는 단어마다 스냅적으로 끊는 것에 고민하게 되고 또한 자신도 모르게 다시 번역의 조합에 혼동되어 대화 내용 인지의 어려움을 반복적으로 느끼게 되지만 지속적인 연습을 통하여 자동 인지 능력으로 자리 잡히게 됩니다. 처음에는 의도적으로 단어마다 스냅적으로 끊어 읽기 및 듣기의 연습으로 진행되지만 점진적인 과정에서 대화의 정확한 의미는 몰라도 상대방이 말한 단어들은 구별되어 인지되어 그대로 따라 말할 수 있게 되며 결국 최종적으로는 정확히 들리게 됩니다.

- 원어민의 말에서 단어가 정확하게 분리되어 들리면 그 내용에 대한 인지는 영어 어순의 형식에 의해 자동으로 발전합니다. 문장의 첫 단어 음을 바로 인지하면 뒤의 말들도 쉽게 들립니다. 그러므로 단어마다 골반발성의 스냅적 분리에 익숙해지면 대화 속 단어가 점차 선명하게 구별되어 들리게 될 것입니다. 이 과정 후에는 점차로 단어의 스펠링 및 의미를 고려하지 않아도 단지 계속해서 나오는 말만 듣고 (지난 말은 무시하고 지나쳐도) 대화의 내용이 이해되기 시작합니다.

- 스냅적으로 끊어 말하기와 듣기를 지속적으로 습관화시킴으로써 자신도 모르게 원어민 발성뿐만 아니라 그들의 음성에 동화되며 원어민 발성의 약음, 축음 및 연음들이 들리기 시작되고 결국에는 영어말도 우리의 모국어처럼 대화 내용이 직접 저절로 인지되기 시작할 것입니다.

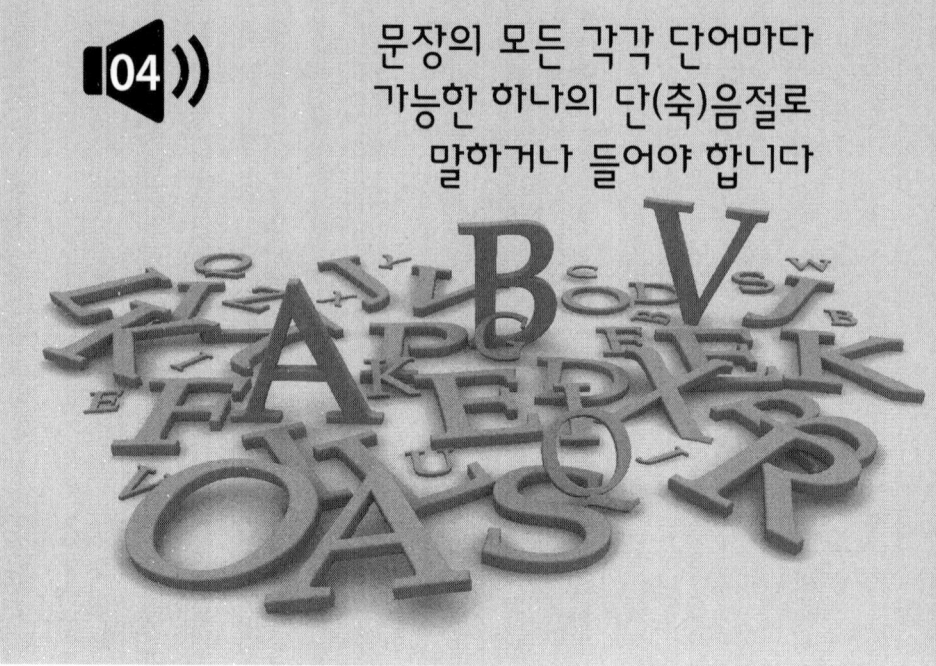

문장의 모든 각각 단어마다 가능한 하나의 단(축)음절로 말하거나 들어야 합니다

연습과정에서 각 단어마다 긴 단어들도 가능한 한 음절의 축음으로서 각각 끊어진 상태로 빨리 연결하여 말하고 듣는 연습에 익숙해져야 합니다. 점차 문장 전체에서 각각의 단어가 바로 전에 소개된 스냅적 분리로 인해 단(축)음절로 정확히 구별되며 또한 각 단어가 자동 연결되어 문장 전체의 구성으로 변환될 것입니다. 꾸준한 연습이 필요합니다.

- 문장 속에서 긴 알파벳의 단어들도 최대한 축약적인 한 음절의 단축 소리로 내는 것에 익숙해야만 문장 속에서 각각의 단어가 구별되어 들리게 됩니다. 긴 알파벳의 단어를 길게 늘여 소리를 낸다면 그것이 한 개의 단어인지 여러 개의 단어인지 혼동이 오게 됩니다. 그러므로 말 속에서 문장 내 모든 각각의 단어가 구별되어야 하며 긴 알파벳의 단어들도 가능한 한 음절의 소리로 축약시켜 발성해야 합니다.

- 단(축)음절에 익숙하게 되면 대화 중 듣기 어렵던 단어들도 차차 그대로 편하게 문맥상에서 받아들이게 되며 대화의 전체 내용 인지에는 문제가 없게 됩니다. 가령 우리말의 사투리를 쓰는 지방에서 몇 개 단어들의 의미를 모른다 해도 대화 내용은 캐치할 수 있는 것과 같습니다.

- 점차 골반발성의 연습으로 인해 연음소리, 단축음의 소리 및 흘려보내는 작은 소리들도 캐치하게 될 것입니다. 사실 영어의 연음들은 골반발성을 통해 자연스럽게 만들어지는 소리일 뿐 특별한 발음 법칙이 있는 것이 아닙니다. 또한 우리는 대화에서 그냥 흘려보내는 소리도 많이 하는데 이것들도 자연스럽게 저절로 만들어지는 소리일 뿐입니다. 그러므로 골반발성방법만 올바르다면 이런 세세한 소리들도 캐치하게 될 것입니다.

 # 긴 문장도 끊어 말해야 합니다

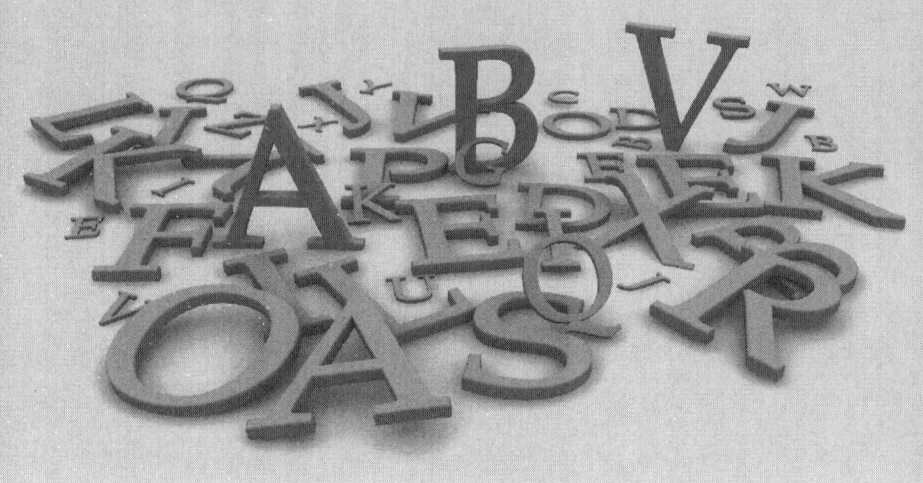

 긴 문장에 대해 끊어 말하기도 필요합니다. 그러므로 긴 문장을 의미의 집단으로 끊어 말하거나 들을 수 있어야 합니다. 긴 문장에 전달시키고자 하는 여러 의미가 혼합적으로 포함되어 있을 때는 각각의 의미에 대한 분리를 위해 끊어 말함으로써 문장에서 끊어지는 부분까지의 의미를 전달시킬 수 있습니다. 또한 긴 문장을 말하는 과정에서 호흡의 전환에 의해서도 문장을 끊어 말해야 합니다.

개인마다 다르겠지만 일반적으로 that, 접속사 또는 관계 부사가

포함된 절의 문장은 that, 접속사 또는 관계 부사들과 뒤에 연결되는 전체 절을 한 묶음으로 붙여 말하며 또한 전치사 구도 전치사와 뒤에 연결되는 전체 구를 한 묶음으로 붙여 말합니다. That, 접속사, 관계부사 또는 전치사를 먼저 말한 후 띄어서 뒤의 절을 말하는 것이 아닙니다. 하지만 that 절 내용을 강조할 때는 that를 먼저 말하고 띄어서 뒤의 절 내용을 말하는 경우도 있습니다.

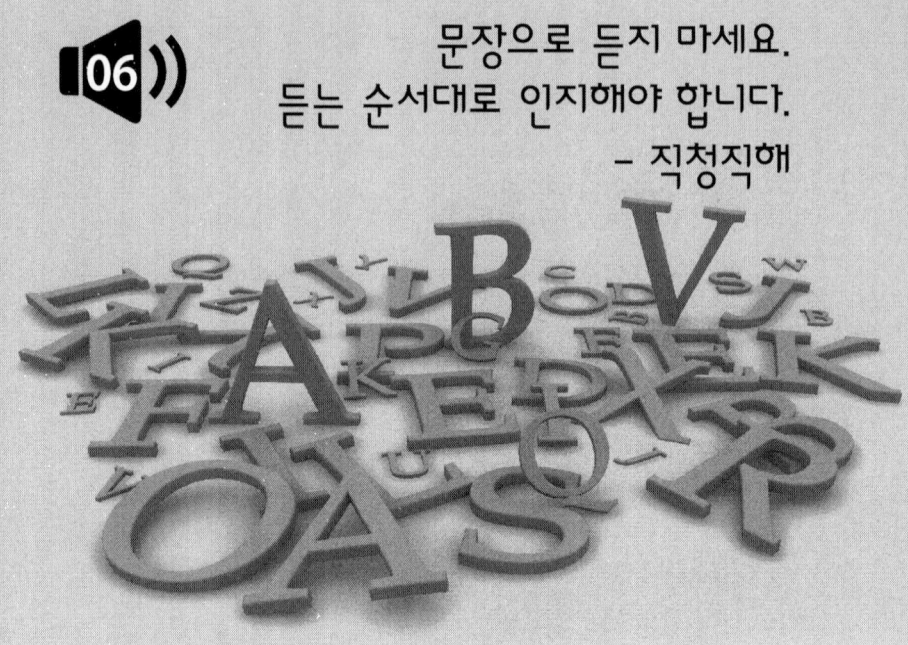

문장으로 듣지 마세요.
듣는 순서대로 인지해야 합니다.
- 직청직해

대화를 문장으로 들으면 머릿속에서 번역이 발생됩니다. 한국말과 영어말은 문장 구조인 어순이 다르며 우리는 한국말 어순에 습관화되어있기에 영어말을 대할 때 자신도 모르게 한국말 어순 형태로 변환시켜 번역함으로써 혼동이 발생되어 대화의 내용을 이해하는 데 어려움을 겪습니다.

가령 한국말은 단어 끝의 조사를 이용한 어휘 활용의 다양성으로 인해 대화의 내용을 끝까지 듣고 나서야 확실한 결론을 알 수 있는 경우가 많지만, 영어말은 대부분 먼저 주어와 동사로서 기본적 행동을 전제시킨 후 뒤로 계속하여 부수적 설명들이 첨부됩니다. 그러므로 우리는 이런 영어말 또는 영어 문장의 어순적 특징을 이해한 후 영어 원어민의 대화를 들으면서 골반발성으로 소리 내어 따라 말하는 연습을 통하여 습관화로 자리 잡으면, 나중에는 영어말을 그냥 듣는 대로 바로 이해(직청 직해) 하는 능력의 결과를 얻게 될 것입니다.

여러분은 영어 어순 및 어휘적 패턴들이 습관화로 몸에 배도록 해야만, 결국 최종적으로 영어말이 모국어처럼 그냥 자연스럽게 듣는 순서대로 이해하고 생각나는 대로 말을 할 수 있는 능력을 얻게 될 것입니다. 사실 영어말을 원어민처럼 잘하는 대부분의 한국인은 원어민의 발성과 비슷하게 소리를 낼 수 있음으로써 역으로 그들의 웅얼거리며 뭉그러진 소리의 단어를 구별하여 들을 수 있으며 또한 영어말의 어순 및 어휘적 패턴들이 몸에 배어 있을 뿐, 결코 그들의 머리가 특출하여 공부 잘했거나 학력이 높거나 또는 일류학교를 나온 것이 이유가 아닐 것입니다.

다시 말하지만 학습적으로 분석되어 뇌에 암기된 것은 우리가 말을 할 때 역으로 다시 머릿속에서 문장을 분석하여 구성하게 하는 복잡성을 야기함으로써 영원히 영어말을 유창하게 할 수 없게 만들지만, 만일 영어 문장의 구성 및 어순의 형태가 음성적 소리의 이해와 함께 반복적 연습으로 뇌에 습관화된 것들은 우리가 말을 할 때 바로 순간적으로 반응되어 모국어처럼 적용되게 합니다.

　실제 대화에서 한국말은 우리의 모국어로서 말을 들으면서 또는 듣고 난 후 이해해도 됩니다. 하지만 영어말 전체를 듣고 문장을 문법적으로 재구성하여 인지하려면 이미 머릿속이 복잡해지며 다음에 나오는 말들과 타이밍 문제로 인해 혼동됩니다. 그러므로 말하는 각 단어의 각각 순간마다 즉각 이해로서 전체 내용을 인지해야 하며 이 능력은 오로지 연습으로 이루어집니다. 그러므로 영문 도서 및 서류를 읽을 때도 읽으면서 바로 이해시키는 직독직해의 연습도 필요할 것입니다.

- 말하는 내용 전체를 문장 구성으로 전환시켜 듣지 않고 바로 나오는 단어들 마다 스냅적으로 분리시켜 들을 수만 있다면 결국에는 그냥 듣는 단어 순서로 그대로 이해(직청직해)하며 받아들이게 됩니다. 가령 한국말 (나는/ 어제/ 학교에/가서/공부하고/오다가/골목길에서/놀고 있는/친구를/만났다)를 그냥 들으면 자연스럽게 저절로 이해하게 되는 것과 같게 될 것입니다. 또한 지속적인 연습과정에서 자신도 모르게 영어말의 패턴(가령 문장의 5형식 및 기본 숙어들)들이 자리 잡혀 단어의 순서 그대로 인지되며 문장의 구성이 필요 없이 모국어처럼 말의 내용이 바로 인지되게 됩니다. 단지 모르는 단어 몇 개만 머릿속에 남겠지만 나머지는 그대로 인지되어 전체 문장을 이해하게 됩니다.

들을 때 번역하지 마세요

 여러분이 영어 원어민의 소리들을 선명하게 구별하여 들을 수만 있다면 골반발성의 연습과정에서 시간이 갈수록 습관화와 숙련에 의해 저절로 영어말을 모국어처럼 받아들이게 됩니다. 결국에는 영어말들이 단어와 문법의 조합인 문장으로 들리지 않고 그냥 모국어처럼 저절로 들리며 이해하게 될 것입니다.

- 문법을 많이 아는 사람일수록 처음에는 듣는 말을 머릿속에서 번역으로 전환시키는 경향이 있습니다. 하지만 머릿속의 번역 과정

에서 문법과 함께 혼란이 오게 되며 상대방과의 대화 스피드와 분위기를 놓치게 됩니다. 들을 때 그냥 단어 순서대로 그대로 듣도록 노력하십시오. 처음에는 혼동되고 시간이 걸리겠지만 차차 듣는 그대로 인지하게 될 것입니다. 한국말이나 영어말 및 모든 언어들은 그냥 들으면서 인지되고 그냥 말하는 것입니다.

들을 때 영어로만 집중하고 영어로 받아들이세요

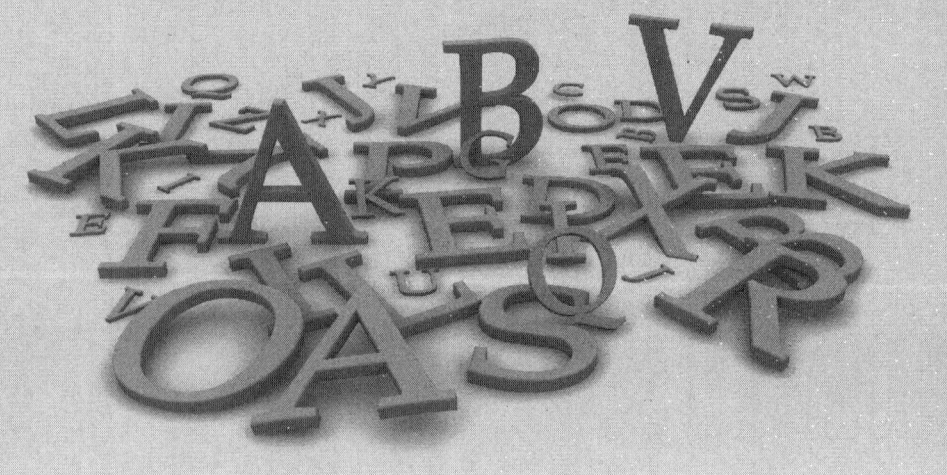

영어 단어의 의미를 한국적 번역을 통하여 학습적으로 외운다면 결국 쉽게 잊어버리게 되며 또한 말을 할 때 그 단어가 역 번역 과정을 거치므로 바로 적용되지 않습니다. 그러므로 영어 단어의 의미를 그대로 영어적 의미로 인식해야 하며 중간에 한글로의 번역 변환을 시키지 말해야 합니다. 그러므로 각 단어의 의미를 실제 물건이나 행동적 느낌 또는 생활주변의 활용으로 연상시키며 자신의 골반발성 소리의 감각과 함께 기능적으로 뇌에 습관화로 저장시킨다면 결코 쉽게 잊히지 않을 것이며 또한 이 습관적 인지로 인해 영어말에서 그 단어가 듣는 순간 그대로 인지되어 들리게 됩니다.

한 단어에 여러 의미들을 사전처럼 외워서는 안 됩니다. 각각의 행위나 의미에 대해 필요한 단어가 각각 기억되어야 합니다. 그러므로 비록 같은 스펠링의 한 단어라도 각각의 행위 및 의미들에 대해 각각 그 상황에 맞게 별개들로 기억되어야 합니다.

대화에서도 한국어로 생각하지 말고 영어 그대로 집중하고 느끼며 받아들이는 연습으로 발전시켜야 합니다. 머릿속에서 조금이라도 한국어로의 번역으로 인해 시간을 늦추거나 혼동되면 더 어렵게 됩니다. 그러므로 자세히 듣는다는 것은 해석을 위한 것이 아니라 발성을 자세히 듣고 각각의 단어를 그대로 받아들이기 위함이어야 합니다.

- 초보자들은 원어민과의 대화 내용 인지 과정에서 실제 머릿속의 한글로 번역 과정이 발생되며 이로 인해 결국 인지 속도도 늦게 되고 내용이 혼동되며 영어로의 익숙함이 늘지 않습니다. 또한 중급자가 되는 과정에서도 자신도 모르는 사이에 자신감이 생기어 대화 내용의 보다 완벽한 이해를 위해 스스로 다시 한글로 전환해 보려하는 시행착오를 자주 겪게 됩니다. 하지만 영어를 그대로 받아들이려는 지속적인 노력 후에는 차차 영어 단어 자체 음성과 함께 무의식적으로 영어 그대로 내용이 인지되기 시작할 것입니다.

대화의 스피드와 호흡적 리듬을 타야 합니다

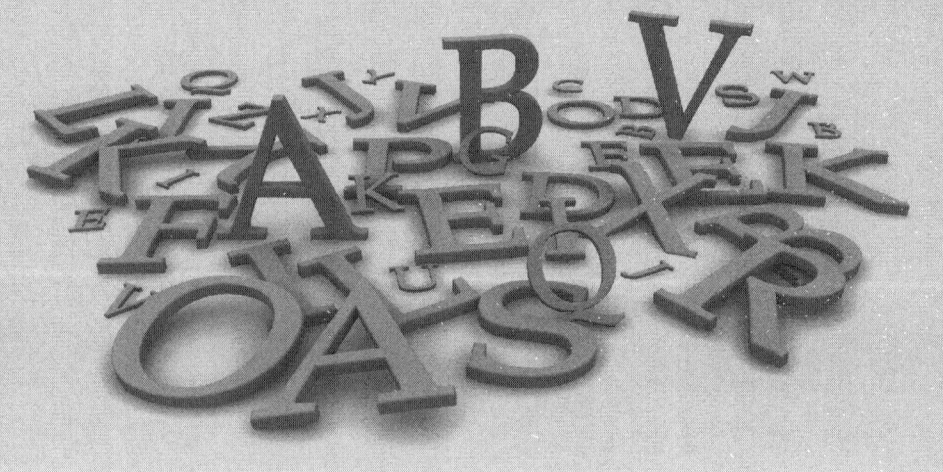

 숙련자가 되면 원어민과 말하거나 들을 때 서로 대화의 스피드와 호흡적 리듬을 타야 합니다. 무작정 들으면 스냅적 끊어듣기, 단축음 및 강세음이 혼동되지만 발성의 리듬을 타면 상대방 말에 대한 끊어 듣기, 단축음과 강세음들의 인지가 쉬워지며 전체문장의 인지도 자연스럽게 됩니다. 영어권 사람들의 말에는 호흡적 리듬이 있으며 이것들은 오랜 연습 후 여러분 스스로 깨우치게 됩니다.

- 이미 소개했지만 전체 문장을 한 번에 머금는 긴 눌러 쪼임 압축 분출로서 각각 단어마다 단음절로 스냅적 연속발성을 하며, 전체적으로 빠른 스피드의 호흡적 연결로 이루어져야 합니다.
- 빨리 상대방의 대화 리듬을 캐치하여 영어 저음 발성의 느낌 속으로 융화되는 연습이 필요합니다. 상대방 영어말의 스피드와 리듬을 캐치하여 느낄 수 있으면 대화내용을 훨씬 이해하기가 쉬워집니다. 영어말은 단(축)음절 단어가 스냅적 분리로 연결된 음성들의 연속입니다. 이런 발성의 스피드와 리듬에 익숙해진 후 대화에 적용시키면 원어민과 같은 느낌의 영어 구사가 될 수 있습니다.

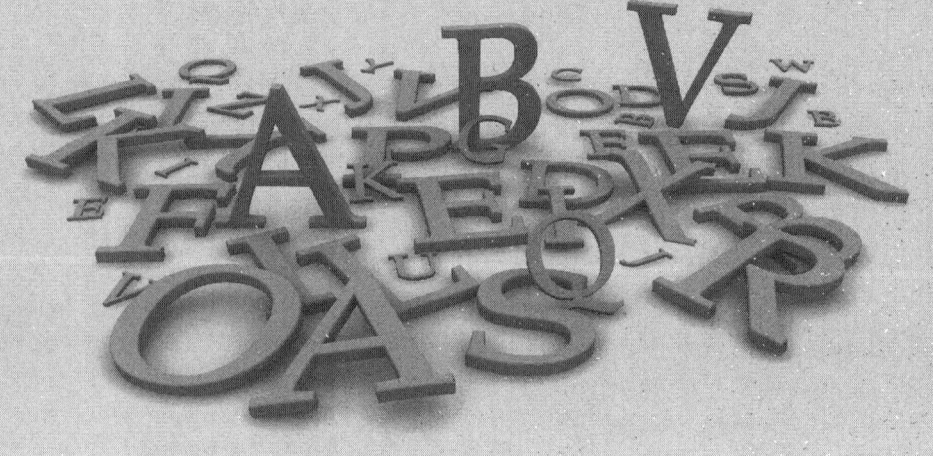

원어민이 사용하는 연음, 단축음, 흘림음 및 어휘력의 활용은 실생활의 환경과 감각으로 느끼고 배워야 합니다

원어민의 대화에서는 학교 교과서에서 배운 단어 및 숙어들이 우리가 배운 의미로만 사용되는 것이 아니라 실제 현장 상황에 따라 여러 다른 의미와 형태로 사용되므로 우리는 실제 대화에서 이런 단어들의 구성과 이해에 혼동이 발생됩니다. 그러므로 영어 단어에 대한 실제 영어권 생활 속에서의 활용 및 그에 따른 의미는 스스로의 경험과 그에 따른 환경에서 인지되어야 하며 또한 그에 따른 어휘력으로 습관화 되어야 합니다.

학교 교과서에서 외운 많은 단어의 발음 및 표현도 실제 외국 현지에서는 상황에 따라 달리 사용되는 경우가 많기에 우리가 실제 현장에서 필요할 때 활용이 잘못되어나 어색하게 되는 경우가 많습니다. 그러므로 이런 실생활 현장에서 활용적인 어휘력들을 현실적 감각으로 습득하기 위해서는 미국 영화 또는 드라마의 시청이나 신문 및 잡지 등 각종 저널들의 활용도 필요할 것이며 또한 각자 원어민과의 실생활 대화에서 경험으로 느끼고 그 상황에 익숙해져야 할 것입니다.

영어패턴의 습관화가 되어야 합니다

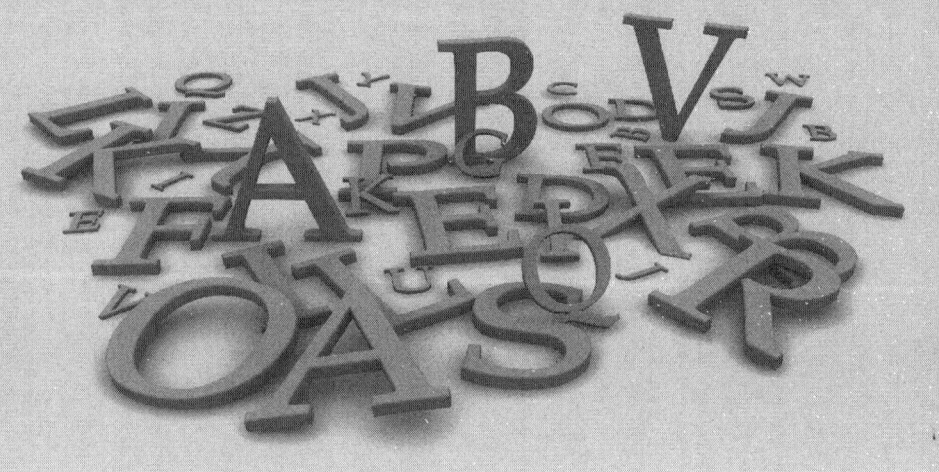

우리가 한국말로 대화할 때는 앞으로 사용되는 단어가 머릿속에서 무의식적으로 예상되어 저절로 만들어지지만, 반면에 우리가 초보자로서 영어말을 할 때는 각각 단어마다의 의미가 머릿속에서 구성되므로 상대방과의 대화 내용을 듣는 즉시 바로 내용이 인지되거나 또는 답변을 할 수 없습니다.

언어는 습관과 반복에 의해 저절로 인지되고 또한 저절로 말하게 되는 것입니다. 사용되는 단어들도 번역이 아닌 습관과 반복 및 예측의 감각으로 저절로 적용됩니다. 어떤 말을 할 때 그 다음 말들은 저절로 따라오는 것입니다. 모국어를 사용하는 모든 사람들은 어려서부터 그 언어에 익숙하고 습관화됐기 때문에 말할 때의 환경 및 분위기가 어우러지는 용어들이 저절로 예측 가능하게 사용됩니다. 하지만 우리는 한국말의 표현방식에 고착화되어 있으므로 영어 원어민의 말들도 무의식적으로 한국어적 선입관으로 듣게 되어 대화 중 그 환경에 따른 영어말의 의미들을 바로 인지하지 못하게 합니다.

또한 원어민과의 대화 중 그들이 사용하는 말들의 예측이 불가능하여 계속해서 나오는 단어마다의 한글로 번역이 이루어지기에 대화의 내용을 인지하는 데 더 복잡하게 만듭니다. 그러므로 우리는 이미 뇌에 고착화된 한국말의 습관들을 변화시켜 두뇌 속에서 영어말로 인지되는 구조로 변화시키기 위해 많은 연습 과정이 필요하며 이런 것들을 습관화시켜야 합니다.

단순히 개별적 단어의 암기보다 차라리 단어들의 조합인 숙어 또는 문장의 패턴 형태로 습관화시키고 필요 상황에 따라 그 구성 속의 단어를 교체시켜 활용하는 연습이 필요합니다. 단어들의 구성, 어순 및 문장 패턴 역시 그 의미 그대로 받아들여야 하며 만일 문법적으로 분석된 학습적 공식으로 외워서는 실제 대화에서 복잡하게 적용되어 순간적으로 활용할 수 없게 됩니다.

이상의 도움 내용은 필자 스스로의 경험으로부터 얻어진 것들입니다. 그러므로 여러분도 위의 도움 내용을 참조하여 영어 드라마 또는 영화 대사들을 골반발성으로 따라 소리 냄으로써 원어민의 발성 소리에 익숙하게 만들고 또한 결과적으로 그 원어민의 소리들을 선명하게 구별하여 들을 수 있는 능력들이 여러분에게 습관화로 발전됨으로써 영어말에 대한 제2 모국어화의 효과로 발전되기를 기원합니다.

제5장

골반발성 연습과정의 진행별 효과

약 1년의 꾸준한 연습 후의 발전

 개인마다 발성에 대한 감각적 기능, 훈련의 방법 및 정도에 따라 발전의 결과가 다르겠지만, 대부분 한국인이 약 2~3개월간 골반발성 연습을 시작하면 골반발성의 영어 음성을 스스로 확인할 수 있을 것입니다. 또한 계속하여 약 6~10개월간 골반발성을 사용하며 각각 단어들의 스냅적 분리 발성으로 말하고 듣기의 연습을 꾸준히 진행한 후에는 저절로 듣는 단어들의 직접인지 능력으로 발전되기 시작함으로써 골반발성의 효과를 인정하게 될 것입니다.

처음의 연습 과정에서 원어민의 말소리가 대부분 명확히 안 들리

는 것은 당연한 상태입니다. 그냥 들리는 만큼만 들으면서 꾸준히 반복 연습을 하십시오. 이 책의 초반부에서 소개된 영어말 어순의 특징을 이해한 후 계속 원어민의 대화 음성을 듣고 골반발성으로 따라 말하면서 꾸준히 연습을 한다면 서서히 그들의 음성에 익숙하게 될 뿐만 아니라 자신도 모르게 영어말의 어순들이 습관적으로 익숙하게 자리 잡히게 되어 그들의 말이 점차 보다 쉽게 들리며 역으로 비슷하게 구사할 수 있게 될 것입니다. 약 1년간의 꾸준한 연습 후에는 문법, 단어 스펠링 및 머릿속에서의 번역들이 고려되지 않고 말소리 자체로 직접 인지되기 시작할 것입니다. 상대방 말에 대한 억양 및 악센트의 감정도 그대로 느끼게 되며 신기하게도 그것들이 그대로 전달되는 느낌을 경험하게 될 것입니다.

다시 말하지만 성대 발성에 고착화된 한국인에게 골반발성을 사용하는 것이 쉽게 이루어지지 않을 것입니다. 하지만 꾸준한 연습 후에는 골반발성의 사용이 활성화되어 점점 자유스럽게 골반발성으로 말을 하게 되고 들을 때도 골반발성의 역 감각으로 품어서 듣게 될 것입니다.

각자 스스로 약 2년의 꾸준한 연습 후의 발성 습관화로 발전

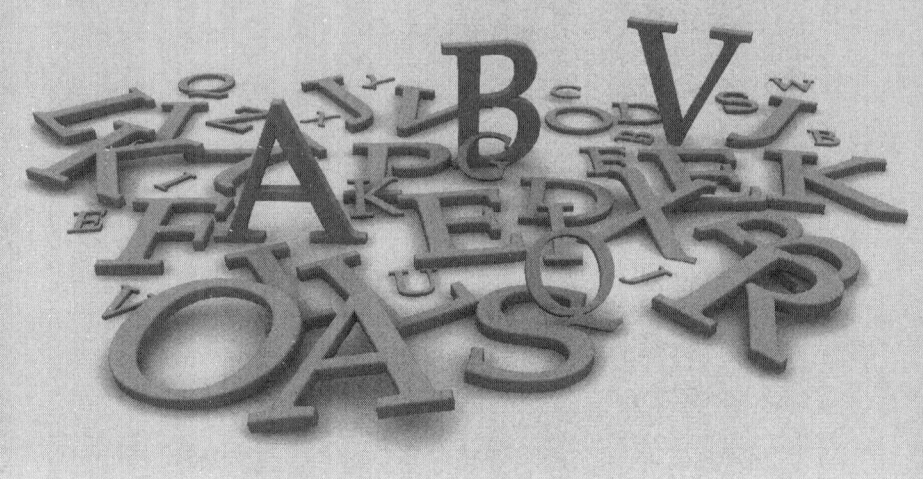

 스스로 발성의 습관화가 정착되기 시작함으로써 상대방 원어민의 발성에 대한 음성들이 보다 선명하게 느껴지게 되며 점점 대화의 문장 전체가 모국어처럼 인지되기 시작할 것입니다. 들으면서 무의식적으로 단어가 분리되어 저절로 말의 내용이 연결되어 인지되기 시작하며 작게 흘러가는 약음의 소리들도 들을 수 있게 될 뿐만 아니라 영어 어순에 익숙하게 되어 문법적으로의 단어 배열이 문제가 되지 않고 모국어처럼 말로 받아들이게 될 것입니다.

물론 연습 과정에서 여러 번 반복하여 들음으로써 그 대화에 대

한 인지가 익숙해지는 이유이기도 하겠지만 실제로 자신도 모르게 영어말이 모국어처럼 인지하는 변화가 시작될 것입니다. 또한 지금까지 원어민의 실생활에서 이루어지는 대화 및 드라마 대사로 연습한 노력들의 실제 효과가 나타나기 시작할 것이며, 과거에 형식화된 영어 공부로서는 이런 결과를 얻을 수 없다는 것에 대한 확신을 갖게 될 것입니다. 물론 여기까지의 과정에는 많은 시간과 노력이 필요할 것이며 이 발전 과정의 세세한 변화 순간들이 정확히 구별되지는 않겠지만 결국에는 스스로 골반발성의 놀라운 결과를 확신하게 될 것입니다.

하지만 어떤 분들은 이렇게 말할 수도 있을 것입니다. 어떻게 2년 또는 그 이상이나 걸리냐? 2년의 긴 시간 동안 아무 거나 열심히 해도 그와 같은 효과는 있을 것이라고. 하지만 여러분이 지금까지 노력해온 수많은 시간을 돌아보십시오. 또한 그 방식으로 열심히 계속 노력하여 앞으로 2년 후 아니 그 이상이면 영어 원어민들의 웅얼거리는 음성(말) 소리 듣기에 대해 원하는 수준의 능력에 도달할 수 있을 것인지. 사실 골반발성 방법만을 배우고 그 효과에 대해 자신이 확신을 느끼기 까지는 약 6~10개월이면 될 것입니다.

하지만 그 발성방법을 자신의 발성으로 습관화시키기 위해서는 각자 스스로의 노력으로 약 2년 혹은 그 이상의 시간이 걸릴 것이며 이 기간의 과정에서 자신에게 영어말의 음성적 어순이 자리 잡혀 가며 또한 자신의 학습적 어휘력 및 문장의 패턴들이 음성적 인지 능력으로 전환되기에 전체 2년 혹은 그 이상의 시간이 결코 긴 시간은 아닐 것입니다. 그러므로 이 기간에 대한 시간 및 노력의 투자 없이는 결코 자신의 새로운 발성습관으로 만들 수 없을 것입니다. 결론적으로 자신의 골반발성 습관화 정착을 위한 숙련 기간의 단축 및 연장에 대한 모든 것은 개개인 자신의 노력에 달려 있을 것입니다.

최종적 제2의 모국어 화, 자신의 노력에 달려 있습니다.

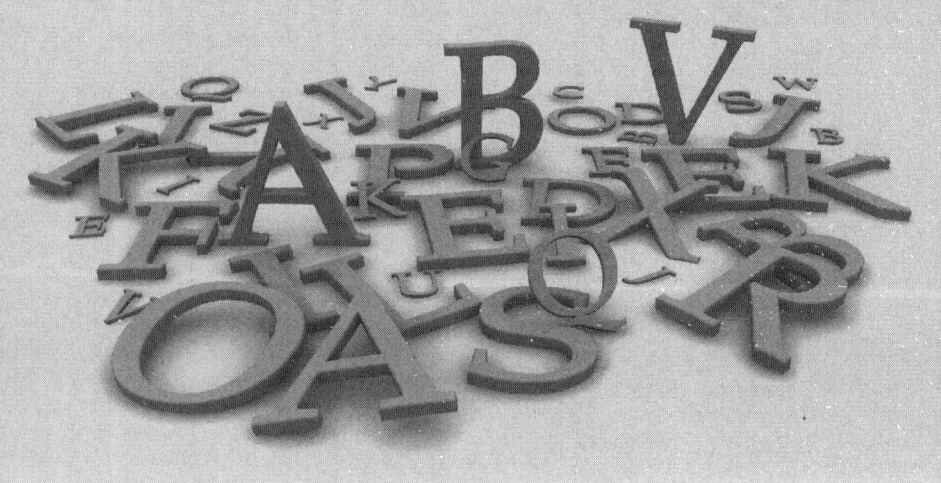

골반발성을 통하여 각자 자신들의 감각에 맞는 발성 방법을 스스로 개발하여 적용시키게 되며, 결과적으로는 영어 원어민의 말소리가 선명하게 구별하여 들리게 될 뿐만 아니라 또한 이것이 습관화되어 결국 영어 언어가 제2의 모국어처럼 자연스럽게 형성될 것입니다. 지난 과정에서는 골반발성 방법, 단어마다의 스냅적 분리, 단축 음으로 말하기 등등의 각종 요소들이 별개로 적용되는 복잡한 숙련 과정의 시기였지만 이제는 모든 요소의 기능들이 전체적 습관화로 자리 잡히게 됨으로써 모든 세부적 기능들의 의미가 없어지게 될 것입니다. 또한 원어민의 말소리를 들을 때도 저절로 골반발성의 역 감각으로 품어듣게 됨으로써 제2의 모국어화가 형성되기 시작할 것입니다.

이처럼 골반발성의 습관화가 완성되면 여러분들은 원어민의 소리에서 각각의 단어가 정확히 분리되어 들리면서 머릿속에서 문장의 재구성, 번역, 단어 스펠링, 문법 및 어순들의 고려도 필요 없이 바로바로 각각 단어들 및 문장 전체가 한국말 모국어처럼 듣는 순서대로 이해될 것입니다. 즉 영어 원어민 말을 들을 때 지금까지 연습한 모든 요소들이 종합적으로 적용되어 그냥 나오는 말 자체로 모든 느낌과 함께 문장 전체가 자연스럽게 모국어처럼 받아들이게 될 것입니다. 그러므로 이때부터는 영어 원어민 방송을 청취하면 그들의 말들이 자연스럽게 받아들여지게 됩니다. 하지만 그들 원어민 사회의 각종 실생활 현장에서 달리 사용되는 각종 생소한 용어들 및 표현들은 우리 한국인이 학교 또는 우리 생활에서 접해보지 못한 것들이기에, 어쩔 수 없이 원어민의 대화 말에 대한 완전한 이해에는 한계가 있겠지만 대화 내용의 전체적인 이해에는 문제가 없을 것입니다.

다시 말하지만 언어의 말하기 및 듣기 능력은 학습이 아니라 기능적 습관의 변화로 이루어집니다. 그러므로 꾸준히 지속적으로 연습해서 자신의 습관으로 고착 시켜야 합니다. 언어를 배우는 데 많은 단어의 암기와 문법이 어느 정도 필요는 할지라도 반드시 선행적으로 필요한 것은 아닙니다. 우리가 상대방과의 말속에서 그 단어의 의미와 스펠링을 정확히 모를지라도, 원어민과의 대화 속의 모든 단어가 스냅적으로 분리되는 익숙한 음성으로 들림으로써 그들의 소리를 듣고 그냥 소리 나는 대로 따라 말하거나 받아 적을 수 있을 정도로 되어야 할 것입니다.

사실 중학교 과정의 기본 단어들만 알고 있다면 실제 대화에서 몇 개의 모르는 내용의 단어가 있다 해도 대화 내용을 인지하는 데 문제가 없으며 또한 모르는 단어의 의미 및 문법적 의구심들은 차후에 참고서를 통해 알아볼 수 있을 것입니다. 그러므로 필자는 앞으로 여러분들의 영어말에 대한 원어민처럼 듣고 말하기 능력의 완성을 필자가 연구하고 개발한 골반발성의 연습을 통하여 이루어지기를 진심으로 기대합니다. 물론 그 과정에서 한국말과 영어말의 2개 언어 사용에 대한 혼란의 과정을 겪게 되지만 끝까지 포기하지 않고 꾸준한 노력을 한다면 결국 영어말의 정복은 이루어질 수밖에 없을 것입니다.

현재의 글로벌 시대에서 많은 한국 젊은이들이 국제무대에서 직업을 구하거나 또는 다방면의 활동을 하기 위해서는 국제적 언어인 영어말 듣기와 말하기 능력이 필수적인 요소가 되었습니다. 그러므로 이에 대해 필자는 많은 한국의 젊은이들과 함께 본인이 발견하고 개발한 골반발성을 함께 공유함으로써 영어말에 대한 거부감 및 두려움에서 자유로워질 뿐만 아니라, 그들이 많은 해외에서 보다 적극적인 활동을 수행함으로 자신의 진취력 및 창조성을 전파하는 데 보탬이 되기를 소망합니다.

여러분 각자 영어말 정복의 성공을 기원합니다.